いじめ地獄から子供を救え！

犯罪化したいじめ、事実を隠ぺいする学校側。
今こそ、日本の教育界に正義を！

「ザ・リバティ」編集部
いじめ問題取材班［編著］

いじめ地獄から子供を救え！　目次

第一部　教室の闇

第二部 教室の闇を一掃するために

第一部 教室の闇

第1章 いじめ隠ぺいが子供を殺す

今や全国で年に約2万件発生していると言われ、実態はその数十倍から百倍はあると推測されている、いじめ被害。しかも、自殺という最悪の結果が増え続けているのは、なぜか——。明らかな共通点は、学校側が、いじめ問題に毅然《きぜん》と対応せず、事実のもみ消しに入ったあげく、関係者の処分もないという、にわかには信じがたい実態である。

そこで本書では、月刊誌「ザ・リバティ」2月号(06年12月末発刊)、3月号(07年1月末発刊)に掲載された、いじめ問題の闇をえぐる緊急特集を新たに編集、大幅に加筆し、いじめ問題に潜む教育界の闇を指摘し、教育界浄化に向けた根本的解決策を提言する。

「いじめが原因です」中2男子生徒は、遺書を残して自殺した
――2006年10月　福岡県筑前町

筑後川がゆったりと流れる筑紫平野に位置する福岡県筑前町。大豆畑や田んぼが広がるのどかな、いたって平和そうなこの環境の中で、13歳の少年が自ら命を絶った。

筑前町教育委員会や県警朝倉署の調べによると、06年10月11日午後、同町立三輪中学校2年生のA君（13歳）が、自宅の物置内で首を吊って死んでいるのを祖父が見つけた。

遺書は、学校で配布されたプリント紙やスケッチブックの紙など3枚に認《したた》められていた。そこにはハッキリとこう書かれていた。

「いじめが原因です。さようなら」

関係者の話によると、生徒は長期間にわたって、さまざまな言葉の暴力を浴びつづけ、

自転車をパンクさせられたり、トイレでズボンを下ろされそうになるなど、同級生らからいじめに遭《あ》っていたという。しかも、**1年の時の担任がA君の保護者からの相談をクラスメートらに暴露、担任自らA君をからかい、教室内でA君を「偽善者」呼ばわりまでした**という。

この教師のいじめ加担が国民の怒りを呼び、筑前町のA君の自殺は瞬く間に全国的な話題になった。

ところが**学校側はいじめに関して、あったかなかったか説明が二転三転**。自殺発覚直後は「いじめがあった」との認識を示していた合谷智《ごうやさとし》校長は数日すると発言を訂正。「もう一度考え直すと情報が少なく、より多くの情報を集めて分析してみないと因果関係についてては分からない」と記者会見で前言を翻《ひるがえ》した。

また、元担任のいじめ加担についても、記者団に対して「そのこと(元担任の発言)が自殺につながった。一番大きな引き金になった。子供たちの一連のいじめも実際にはあったが、大本になった」とまで話していながら、それが「自殺の誘因になったと思うが、主因かどうかは分からない」と意味不明の説明に終始した。

以前から三輪中学ではいじめがあったらしい。しかし、そうしたいじめに対して学校側がどこまで毅然と対応したのか、極めて怪しい。A君の自宅前に集まった報道陣に対して、父親は怒りをこらえた表情でこう語った。

「以前も、別の生徒がいじめられてけがをしたことがあった。学校は二度と起きないように対応すると約束したのに、またいじめが起こった。なぜこんなことになったのか究明してほしい」

政府調査団を拒んだ教育委員会

A君のいじめ自殺と、それに対する学校側の対応が問題になるにつれ、政府としてもこの問題を無視できなくなり、山谷えり子首相補佐官(教育再生担当)と安倍晋三首相の諮問機関「教育再生会議」のメンバーでヤンキー先生として知られる義家弘介担当室長、そして文部科学省の小渕優子政務官が実態調査のために現地を訪れた。

調査の後、山谷補佐官は「なぜ隠ぺい体質になってしまうのか、具体策を考えたい」と述べ、義家担当室長は合谷校長が現時点ではいじめは確認できないと説明したことを明らかにした上で、「調査だけでなく、具体的な対応策を練ることが大切」と学校や町教委の対応を批判した。

また小渕政務官は「先生がいじめを引き起こす誘因となった可能性があると認識した」と語った。政府がこれだけの陣容でいじめ自殺の現場に入るのは異例だが、実はこの政府の調査をめぐって不可解なことが起きている。

馳《はせ》浩衆議院議員のホームページなどによると、小渕政務官は調査に入るに当たって、A君の自宅に弔問に行きたい旨を福岡県教育委員会に申し入れた。これ自体は人間として当たり前の行動だろう。ところが県教委は小渕政務官に対して「関知しません」と弔問を拒否したというのだ。それでも丁寧に小渕政務官が頼んで、やっと後になってA君の実家の電話番号だけを教えてきたという。

しかし、いざ政務官が弔問に行こうとすると、今度は「関知しません」と言ったはずの県教委の教育長が「お供します」と言ってついてきた。驚いた小渕政務官が、「こういうときは普段は弔問しないんですか?」と問うと、**教育長は「いつもは弔問しません」とし**

ゃあしゃあと答えたという。

以上の顚末《てんまつ》を馳議員に話した上で小渕政務官は「なんなんですかね、この組織。私の感覚間違ってますかね……」と不満そうだったという。

この対応を見て分かることは、**明らかに学校や教委など現場が、外部からメスが入ることを嫌がっている**ということだ。なぜ嫌がるのか。それはやはり「見られたらまずいことがある」からだろう。**組織運営において透明性が高く求められるようになった時代において、この不透明性は際立っている**と言わざるを得ない。

いったいA君の自殺に関して、いじめはあったのかなかったのか。あったとすれば、なぜ学校はいじめを防げなかったのか。なぜ、むざむざとA君を死なせてしまったのか。

本書を読み進めていただければお分かりいただけると思うが、「いじめの有無」というような基本的なことすら学校は明らかにしない。あるいはなかったことにしてしまう。これは**A君の事例だけでなく、全国共通に見られる傾向なのだ**。

「いじめられた」という子がいれば、「いじめ」はあったと見るべき、というのが12年前に当時の文部省が出した方針だ。それが教育現場では空文化されているのである。まして、A君は遺書にまで「いじめが原因です」と明記している。いったい、何を守ろうとして学校や教育委員会は真実を明らかにすることを拒むのか。教育には深い闇が存在しているのだ。

「学校関係者の処分ゼロ」という怪

A君のいじめ自殺の調査は結局、同年11月7日に発足した「筑前町立三輪中学校生徒自殺事案調査委員会」に委ねられることになった。高田清・福岡教育大学教授を委員長とする総勢7名の調査委員会は関係者への聞き取り、生徒たちへの無記名アンケートを行い、同年12月28日、報告書を発表した。

報告書によれば、A君が自殺に至った「精神的な苦痛の最も大きな原因」は長期にわたった「からかい」や「冷やかし」等の蓄積によるものであり、「それは『いじめ』に相当するものであった」という。その上で報告書は、A君が深刻な苦痛を感じていたという観点を学校側が抱いていなかった点を指摘し、「こうした観点を校長をはじめとして全ての教職員が欠いていたということに本事案の原因の一端を見ることができる」と明言。元担任の責任をはじめ、校長、教頭の責任は「重いと判断せざるを得ない」と学校側の責任を認め、教育委員会も努力に欠けていたと指摘した。

調査委員会の労を無駄とはしないが、たったこれだけの結論にたどり着くまでに2カ月近くを要していることに、なんともいえないやりきれなさを感じずにはいられない。繰り返すが、そんな結論はA君本人の遺書を見れば明らかだったからだ。

この報告は各紙で報道されたが、ここではさらに多くの日本人にとって信じがたい事実を明かそう。外部調査機関によってここまで責任が指摘されれば、当然何がしかの関係者の処分なり辞任があって当然と考えるだろう。

では、このA君のいじめ自殺に関して**関係者の処分**はどうなったのか。**驚くべきことにゼロなのだ**。いじめのきっかけを作ったと結論された元担任も校長も、学校関係者、教育委員会関係者、誰もお咎《とが》めなし。

本書取材班に対して筑前町教育委員会は、「処分という話は出ていないし、聞いてもいない。臨時の校長会を開いて調査委員会の報告書を説明し、教育長から指導しました」

と答えた。これで終わり、である。元担任も校長も教頭も、教委関係者も不問。

いじめ加害者も特定しないから、A君の遺族に対して謝罪もない。しかも、いじめた生徒たちは今ものうのうとし、A君の死後、新たに別の生徒へのいじめを始めている。

これではA君は、犬死にではないか。

本書で明らかにしていくが、**これが全国共通のパターンだ。いじめに関して学校側は毅然と対応するどころか、基本的にもみ消しか隠ぺいを図る。**加害生徒の特定すらしようとしない。被害生徒の側が泣き寝入りするか不登校になるか転校するか、最悪の場合自殺するか、これらでしかいじめは解決しない。

法律によって市民が守られているはずの日本にあって、子供たちが何ら守られていないという事実を、あなたは受け入れることができるだろうか。

「それは特殊な事例ではないか」という疑問を持たれる方もいるだろう。当然だ。取材班も最初はそう思っていた。いや、そう信じたかった。だが、残念ながら教育界に潜む闇は、筑前町で起きたA君のいじめ自殺の直後、再び繰り返されることになったのである。

「これでお荷物が減るからね」少女は書き残して首を吊った
——2006年10月 岐阜県瑞浪《みずなみ》市

岐阜県瑞浪市は、名古屋から中央本線で長野方面に向かって40分ほど行った木曽山中にある。この町で、06年10月23日、市立瑞浪中学校（佐々木喜三夫校長）に通う2年生のB子さん（14歳）が、自宅の部屋で首を吊って死んでいるのを家族が発見した。

B子さんも遺書を残していた。そこには同じバスケットボールクラブに所属する同学年の女子4名の名前が記され、「これで、お荷物が減るからね」という言葉が書かれてあった。

B子さんは、この4人からいじめを受けていたという。母親によると、「うざい」「気持ち悪い」「消えろ」「死ね」などと言われていたといい、その辛さを同年夏ごろから母親に打ち明け、自分の部屋でよく泣いていたという。このため、B子さんが亡くなる6

日前の10月17日、娘を心配した母親はクラブの顧問と担任教諭に相談、「いじめに遭っているかもしれない。気を配ってほしい」と依頼したという。

しかし、その願いはかなわなかった。母親の相談内容は担任から学年主任の教諭に伝えられはしたが、校長、教頭には伝わらなかった。担任らは「1週間後に開かれる定例の会議で報告すればいい」と思っていたという。

10月17日といえば、すでに福岡県筑前町のA君のいじめ自殺が大問題となって、連日テレビや新聞で報じられていたころである。**その騒ぎも教員たちにとっては、「他人事」だった**ということだろう。

いじめの有無について、二転三転する学校側

B子さんは母親に「いじめられている」と告白し、クラブの顧問や担任にもその情報は届いていた。そして、遺書に名指しまでしていた。にもかかわらず、**やはりここでも学校側はいじめの有無について、説明が二転三転してしまう**のである。

同校は、B子さんの自殺が発覚した直後は両親との話し合いの中で、「いじめがあった」と認めていた。その模様は両親がビデオにおさめており、これはテレビでも放送されたので記憶している方も多いだろう。ところが10月29日になって佐々木校長は記者会見で「一般的にはいじめだとは言ったが、それがあったかどうかは確認しないと分からない」と一転してあいまいな態度になり、翌30日の会見では「自殺につながるいじめはなかったと思う」と否認に転じた。

さらに同日開かれた全校集会で佐々木校長は自殺の原因には触れずに、「不安もあると思うが頑張っていこう」と呼びかけている。**学校側は、いじめの究明に最初から及び腰だったのではないか**と思わざるを得ない。

裏切られた両親の思い

取材班がつかんでいる情報によれば、B子さんをいじめたとされるバスケクラブの女子4人は、以前からターゲットを決めてはいじめを繰り返していたようだ。その中には、あまりにもきついことを言われて学校を何回か早退し、今でもその「後遺症」が残っている女子もいる。

B子さんの葬儀のあと(10月25日)、バスケクラブの後輩が両親に対して、「前からいじめを受けていた」と勇気を出して訴えてきたという。ただ、父親は自分自身も同校の卒業生であり、PTAの役員もやっていたこともある上に、親類の多くが同じ地域に住むということから、「公にすることで、地域を壊したくない。学校を信じ、真実を解明してもらうことで納得しよう」と決めたという(東京新聞06年10月30日付夕刊より)。

しかし、その期待は裏切られた。**同級生らから次々と証言が寄せられたにもかかわらず、学校側が出した見解は「いじめを自殺の原因と特定することは難しい」というものだった。**

父親は、メディアに対して次のように語っている。

「学校は、娘のメッセージに気づかず、保身しか考えていない。いじめを認め、誠意ある謝罪をしてくれるまでは、再度話し合うことはできない」(同)

加害者を特定せず、学校関係者の処分もゼロ

このような両親の思いに、学校はどう応えるつもりなのだろうか。B子さんのいじめ自殺に関しては、瑞浪市教育委員会教育長が責任をとる形で06年12月に辞任した。ただし、学校関係者の処分は皆無。遺書に名指しされた女子たちも、何ら特別な措置《そち》を受けることなく今日に至っている。同市教委は、B子さんの自殺後の対応を取材班に次のように説明した。

「学校全体の問題としてとらえ、いじめた加害者を限定せず、『優しい言葉キャンペーン』や『ハートフル月間』として生徒たちに指導している。また、いじめ防止手引書を作成して配布する」

なるほど、何かやってはいる。しかし、これで終わりなのだろうか。いじめの加害者の特定や謝罪させることも放棄して、それで教育といえるのだろうか。

瑞浪中の佐々木校長は、B子さんの自殺後の全校集会で「命の大切さ」を訴えたというが、人をいじめることがどんなに悪いかを加害生徒らに指導することなくして、どうし

て命の大切さを他の生徒に分からせることができるというのだろう。むしろ**加害行為が不問に付されているという状態は、生徒たちに「いじめは、それほど悪いことではない」という逆サインになっていないか。**これでは、いじめがなくなることはないだろう。

各地で相次ぐ、いじめ被害者の泣き寝入り

いじめそのものがメディアで報道されることは、それほどあることではない。被害者が自殺して事件化したときのみ、過熱とすらいえるほどの報道量があって初めて国民の知るところとなる、というのが普通だ。逆にいえば、自殺でもしない限り、ほとんどの場合いじめ被害者は救済されず、いじめの存在そのものも闇に葬られることになる。

しかも多くの場合、いじめ自殺が発生した後の学校関係者の処分、加害生徒らの措置がどうなったかまで報道されることはない。このメディアの無関心をいいことに、ここまで見たように、いじめはうやむやにされ、学校関係者(そして多くの場合、管理責任のある教育委員会関係者も)は処分されず、加害生徒の特定も謝罪も、措置も行われていな

い。つまり、誰も責任をとっていない。これでは子供たちも教員も「いじめは犯罪」と考えるわけはない。

重ねて言うが、これはA君やB子さんの事例だけではない。06年夏以来、報道され話題になったいじめ自殺の中の主だったものをここで見てみよう。

「もう3年間も続いていて……」と中学1年男子が自殺
——2006年8月 愛媛県今治市

06年8月17日午後5時ごろ、愛媛県今治市の市立中学1年の男子(12歳)が、自宅近くの山林で首を吊って自殺しているのが発見された。自宅の部屋には、「もう3年間も(いじめが)続いていて、あきれています」などと、同級生からいじめられていたことを記した遺書が残されていた。

実はこの男子は小学生時代からいじめられており、中学校進学に当たっては、「いじめられている」という申し送りが小学校側からあった。中学校側も4月に行ったアンケートから、いじめを認識していたにもかかわらず、その後は沈静化したと判断したという。つまり、真剣にいじめに対応しようとしなかったということだ。

今治市教育委員会は「男子生徒が小学校の時から言葉によるいじめを受けていたとの報告を受けていながら、中学校側の対応が不十分だった」としたが、9月19日の市議会一般質問で、倉永忠教育長は「命の大切さを肝に銘じ、いじめの根絶に全力を尽くす」と決意を述べながらも、学校の調査が加害生徒の特定まで踏め込めなかったことを明らかにした。

教育機関側は何か問題が起きると、いつも「誠意」や「全力」という言葉を連発するが、それが行動として表れることは滅多にない。今治市教委も例外ではない。「処分はどうなったか」という取材班の問い合わせに対し、市教委、愛媛県教委も関係者の処分は全くないとした上で、市教委は次のように答えた。

「いじめを発見できなかったことは落ち度だったが、（学校側に）やれることはやっていただいていた。全く処分は考えていない。今、一生懸命（いじめ対策に）取り組んでいるところ」（今治市教育委員会学校教育課）

この答えからは、**努力したのだからいいではないか、という「結果が問われない」親方日の丸体質が透けて見えてくる。**確かに個々の教員は懸命に取り組んではいたのかもしれない。ただ、民間企業では、どんなに主観的に「頑張った」と言い募《つの》ろうとも結果が全てだ。営業マンは１００軒戸別訪問しようと、１件も契約がとれなかったら上司から叱責されるし、リストラされることもある。

結果責任という重要な考え方が抜け落ちているがゆえに、公的教育機関は組織的に「緩み」があるのではないか。ひいては、それがいじめ対策の遅れにつながり、自殺にまでつながっているのではないか。

「いじめが沈静化していたと判断していた」という学校側の認識も、結果から見ればとんでもない間違いだったわけだが、その致命的な判断ミスが何ら処分につながっていない。考えたくないことだが、「仕方ない」と考えているのではないか。

これでは、自殺した男子は浮かばれない。市教委は「いじめ対策に取り組んでいる」としたが、とても遺族にはそう見えなかったのだろう。毎日新聞社の取材に対して男子生徒の実名を明かした上で、祖父の堀本鹿夫さんは「教育関係者や親たちがいじめを防ぐ有効な手だてを真剣に考えているとは思えなかった」ため、実名告白に踏み切った。そして鹿夫さんは少しでもいじめに歯止めをかけようと思ったという切実な気持ちを、記者に吐露している(毎日新聞07年1月3日付より)。

このいじめ自殺は小さな島で起きており、いじめた側にも知り合いが多いだろうことは想像に難くない。できれば地域社会に波風は起こしたくないだろう。それでも、いじめ対策のあまりの歯がゆさに遺族は、あえて亡くなった男子の名前を明らかにしたのだ。この思いを、教育機関はどう受けとめるのか。

サラ金まがいの恐喝で自殺した中3男子

――2006年11月　埼玉県本庄市

福岡県筑前町のA君のいじめ自殺以後、同様の事件が続いて社会が騒然となる中、同じ日にいじめを苦にしたと見られる中学生の自殺が2件、相次いで起きた。

06年11月12日午後7時半ごろ、本庄市立本庄東中に通う3年生の男子生徒(14歳)が、自宅敷地内の倉庫で首を吊って死んでいるのを母親が見つけた。遺書はなかったが、男子生徒はサラ金まがいの恐喝《きょうかつ》を受けていたことが死後明らかになった。

同中学では11月6日、生徒に対し、いじめに関するアンケートを行った。このアンケートに自殺した生徒は「いじめは受けていない」と答えている。ところが同日の放課後、男子生徒は埼玉県教育委員会が派遣している学校相談員に「金銭を要求されている」と打ち明けた。要求していたのは、3年生の別のクラスの男子生徒。実際には金を借りていないのに、2年生のころから数回にわたり「500円返せ」「利子が2万円になっている」と脅されていたという。さらに自殺後に明らかになった事実として、11月に入って学校の廊下で男子生徒が肩に手を回されながら「お金返してよ」と要求されている場面や、自殺の2日前の10日にも学校の廊下で「さっさと金返せや」とどなるような口調で男子生徒が脅されているのを複数の生徒が目撃している。つまり、金銭要求といういじめは、なかば公然と行われていたのだ。

いったい、男子生徒の相談員への必死の訴えを聞いて学校はどう動いたのだろう。呆れたことに何もしなかったに等しい対応だったのである。

本庄市教育委員会によると、11月6日の学校相談員への男子生徒の訴えは、同日相談員から担任教諭と学年主任に伝えられ、校長にも文書で報告された。しかし、翌7日は教員らの研修があるとして、生徒本人への担任らの聞き取りも、金銭を要求した生徒への対応も何も行われなかった。

やっと8日になって学年主任が男子生徒に事情聴取。そのとき、「お母さんに話そうか」という学年主任の問いかけに男子生徒は「自分で話す」と答えたという。親を心配させたくないという気持ちでいっぱいだったのだろう。

9日は金銭を要求していた生徒が欠席し、10日は担任と学年主任が出張。学校側は「13日に金を要求していた生徒に話を聞く予定だった」という。

後に市教委に対して学年主任は、金銭要求した生徒へすぐに対応しなかったことについて、「日常生活を見ていて、強引なことをする子ではないと判断した」と答えている。**事実をよく調べもせず、憶測でものを考える。これもまた、この後、本書で何度も出てくる学校や教委の共通項だ。**この信じがたい怠慢のせいで、一人の生徒の尊い命が奪われてしまったのだ。

この男子生徒の自殺に関しては、いまだに市教委は原因をいじめと特定しておらず、関係者の処分、加害生徒への措置など何も行われていない。取材班に対して市教委は、「どういうことで亡くなったか現在調査中」とした上で処分は分からないと答えた。

また、埼玉県教育委員会に、金銭要求といういじめ被害の訴えを聞きながら見過ごしてしまったということについて、処分はどうなるのかと聞いたところ、「そういう見方をされている方もいるかもしれませんが、現状においては教職員の処分にまでは至らないだろうと思う」と、処分に関して消極的な見方を示した。

教育では「責任感を持つ」ことの大切さが説かれるが、肝心の教員の側がこれでは、生徒たちが「責任感の大切さ」を学ぶことは不可能だろう。その責任感のなさが、結局いじめの横行につながっていることに、どうして教育機関の人たちは気づかないのだろうか。

男子生徒の自殺後、本庄市では市長と市教委の連名で「生命の尊さを訴える緊急アピール」を発表、**「皆さんの命は、ただ一つのかけがえのないもの」と児童生徒らに訴えた。だが、いじめを放置して「かけがえのない」生命を散らしたのは、ほかならぬ教育機関のほうではないか**。自殺した生徒も命の尊さなど百も承知だったはずだ。だが、自殺する以外に道はないというほど追い込まれていた、その追い込んだ状況を解決せずして、「生命の尊さ」を説いても無意味だ。空虚な、建前だけが教育現場でこだましている……。

予兆も報告されず、中学1年女子が自殺

——2006年11月　大阪府富田林《とんだばやし》市

本庄市で中3男子が首吊り自殺したのと同じ日の午前6時40分ごろ、富田林市市内の府営住宅の植え込みに同住宅に住む市立第一中学の女子生徒(12歳)が倒れて死亡しているのが発見された。自室には「さよなら」という遺書が残されていた。飛び降りだった。

女子生徒はもともとおとなしい性格で、小学校から中学進学時に「いじめられやすい」と申し送りがなされていたという。10月ごろからバレーボールの授業で、トス回しで失敗を続ける女子生徒にわざとボールを集中させたり、男子生徒が囲んで大声で脅したり、あるいは足をひっかけたり、体の特徴を悪く言ったり、かなりのいじめが継続、反復されていたらしい。しかし、同校の新美好正校長は「いじめの予兆はあった。しかし、その都度摘み取っていた」と認識していたという。

この「いじめの予兆」に関して、同校は大阪府教育委員会が府内の公立小中学校に対

して行った「いじめ現況調査」に報告していなかった。ここでも、やはり学校側の致命的な認識ミス、あるいはいじめ隠しが行われていたのだ。女子生徒の自殺後、マスコミから数々のいじめについての同級生たちの証言を聞かされた新美校長は「知らなかった」と絶句して、「アンテナの張り方が足りなかった」と後悔を口にした。

11月18日になり、新美校長は記者会見で「いじめも自殺の要因だ」と、いじめと自殺の因果関係を初めて認めた。しかし、いじめを認めたからといって女子生徒が帰ってくるわけではない。**申し送りまでされていたいじめを見逃し、あるいは府教委に報告もせず、結果として女子生徒を自殺に至らしめた**責任は、やはり重いと言わねばならないだろう。

だが、富田林市教育委員会によれば、今のところこのケースに関して「処分はありません」という。

どうして何も処分がないのかという取材班の質問に対し、市教委の担当者は、「処分がないというのは、理由がどうこうということでなく、『ない』ということなんです。処分が存在するかと聞かれたら『ない』。今回の件に関しては、市教委は見解を述べる立場にないし、誰も答えられない」と、理解に苦しむ答えを繰り返し、関係者の処分に否定的。

またしても、教員の責任が問われることはなく、加害生徒の特定も遺族に謝罪させることや出席停止などの措置も行われないという結末になりそうだ。

女子生徒が自殺する前とした後と、何も変わっていない。遺族は事件後、「いじめに苦しんでいる人に、頑張ってほしいというメッセージを伝えたい」という理由から、女子生徒の実名(大川理恵さん)を公表した。

溶接業を営む父親の大川和夫さんによると、理恵さんが自殺する前日、家族でカラオケに行き、とても楽しんでいたといい、自殺の1週間前には「家庭教師をつけてほしい」と希望したので、和夫さんが学習塾を勧めると、「またいじめられるから」と断ったという。兄の敏夫さんは「(学校の)対応があまりにも遅い。報道でいじめの事実が明らかになっても、誰がやったのか、本人はどう思っているのかも分からない。生徒へのアンケート以外の対応は聞いたことがない」と、学校の対応に不満を述べている(読売新聞06年11月15日付より)。

いったい、何度こんな悲劇が繰り返されたら、教育の現場からいじめはなくなるのだろうか。

「いじめは犯罪だ」と大人たちが認識しなければ悲劇はなくならない

自殺という、最悪の結果に終わったいじめ被害のいくつかを振り返ってみた。今、日本ではこんな「いじめ」という犯罪が毎日のように起き、多くの子供たちが絶望の中で苦しんでいるのだ。05年に文部科学省に報告されたいじめの件数は、約2万件。だが、専門家らによると、この報告は、狭すぎるいじめの定義に当てはめた場合の数であり、**実態は数十倍から百倍にもなる**という(文科省は07年1月、「一方的」「継続」などのいじめの定義を見直した)。

実際、先に見たように富田林市で自殺した中1女子の場合、いじめについて学校は把握はしても府教委に報告していなかったし、他のいじめ自殺に至っては、いまだに「いじめ」と確認されていない。遺書にまで「いじめが原因です」と書かれているにもかかわらず。

しかし、いじめは存在している。それも数多く。子供の人権を侵害し、身体と精神に重大な損傷を与えるいじめは、多くは傷害罪や恐喝罪、器物損壊罪等が適用されるべき犯罪なのだ。これを、「子供同士のトラブル」とか「子供のけんか」と軽く見ること自体、いじめを助長する考え方だと大人たちは知らなければならないだろう。

いつなんどき、自分の子供が、親戚や知人の子弟がいじめのターゲットになるか分からない。これは全国民共通の問題なのだ。

そんな**「犯罪」が放置され、多くの場合、いじめた側は不問に付され、教職員も責任を問われず、いじめられた側が泣き寝入りし、転校か不登校になり、最悪の場合、自殺する**という本末転倒の形で、いじめは「収拾」されている。

なぜ、こんなことになっているのか。その最大の原因は、この第1章で見たように、学校や教育委員会が責任逃れのためにいじめを隠ぺいし、教師の責任も問われないからだ。現代日本の教育現場には、善悪の価値観や正義が存在していない。およそ普通の企業社会で暮らす人からは想像もできない、「問題もみ消し能力」が評価されるような治外法権、マフィアの如《ごと》き世界がそこには展開しているのだ。

いじめが社会的問題になるにつれ、多くの研究書も出され、こうした実態は少しずつ明らかになってきてはいる。だが、まだまだ学校と教委の談合・癒着体質こそが、いじめの温床になっていることに、本格的に切り込んでいる研究は少ない。

本書では、一歩間違えば自殺などの最悪の結末を迎えかねないいじめ事件の数々も取り上げながら、いじめが隠ぺいされるプロセスを明らかにし、いじめ加害者側に重い責任があること、さらに学校・教委の癒着こそが最大の元凶であることを示していく。そして、いじめの根本的解決のための制度改革や『いじめ処罰法』などを提言する。

安倍晋三政権は、極めて教育改革に熱心で、特に公教育の再生をミッションのひとつに掲げている。その方針に逆行するかのような教育界を浄化し、いじめを根絶して、全ての子供たちが笑顔で安全に、安心して学校に通える日を取り戻さねばならない。

今こそ、日本の教育に正義を取り戻し、教育を復活させる時である。

安倍内閣教育再生会議
「いじめ問題への緊急提言」要旨（抜粋）

◆学校は子供に対し、いじめは絶対許されないことであり、いじめを見て見ぬふりをする者も加害者であることを徹底して指導する。

◆学校は問題を起こす子供に対し、指導、懲戒の基準を明確にし、毅然とした対応をとる。

◆教育委員会は、いじめにかかわったり、いじめを放置・助長した教員に、懲戒処分を適用する。

◆学校は、いじめがあった場合、隠すことなく、必ず学校評議員や保護者に報告する。

◆いじめ問題については、一過性の対応で終わらせず、教育再生会議としてもさらに真剣に取り組むとともに、政府が一丸となって取り組む。

第2章
これは犯罪だ！ いじめの実態

全国で起きているいじめ問題に見られる隠ぺい性。06年6月に起き、自殺未遂にまで発展した長崎県内のある公立小学校のケースからも、同様に無責任な隠ぺい体質が浮かび上がってくる。

ドキュメント

長崎県の小学校で、いじめ自殺未遂
「毎日いじめで辱《はずかし》めを受けた。なのに学校も教育委員会も助けてくれなかった」

もはや犯罪レベルの小学生のいじめ

長崎県の大村湾に面したある小さな町。06年6月19日、一見平和で静かなこの町で、〝事件〟は起こった。

小学5年生のM君は、クラスメート数名に羽交い締めにされてズボンを下ろされ、性器をいじられて強制的に射精させられた。M君は〝白い液〟を自分でぞうきんで拭いたあと、校舎の3階のベランダから飛び降り自殺を図ったが、下を見て恐怖に竦《すく》んでいるところを制止された。一歩間違えば、小学校で白昼飛び降り自殺という凄惨な事件になるところだった。

その後、母親が地元の警察に訴え出た時に行った事情聴取の報告書によると、M君は06年5月10日から1カ月以上にわたり、ほとんど毎日、昼休みにこうした性的な辱めを受けていたという。その間、先生などに相談しなかった理由を、M君は「(主犯格の加害児童が)言ったら殺すぞと言ったので、怖くて言えなかった」からだと証言している。

わいせつ行為や脅しの言葉は、もはや「いじめ」というより「犯罪」のレベルだ。この事件の2日後からM君は学校に行けなくなり、その後、不登校が続いている。

学校も警察もPTAも「いじめの事実は確認できず」

「実は3年生の時にも、同じ子から〝ビール瓶で頭を殴って殺すぞ〟と脅されるなどの

いじめを受けて、一度問題になったことがあったんです……」（M君の母親）

その加害児童は、その後もいじめを続け、5年生になってからエスカレート。M君以外にも、女子児童に無理やりキスしたり、スカートをめくったりする性的ないたずらをしていたという。また、その加害児童自身が、M君に行ったような性的ないじめを中学生から受けていたという話もある。その現場をM君が見てしまったために、口封じの意味もあってM君に性的ないじめを加え始めたというのだ。

忌《いま》わしい限りのいじめの連鎖だが、より問題なのは、その後の学校や警察の対応だ。

母親は校長と担任に事情を話して対応を求めるが、学校側は「アンケート調査を行ったが（いじめの事実は）何も出なかった」と回答。主犯格の加害児童は、一度はいじめの事実を認めて警察に行くと言ったが、両親や校長に止められたという。

警察は被害児童の両親の訴えを聞いて、被害者と加害者の双方に事情聴取を行った。しかし、「クラスの中で男女問わず、ズボンを下げたりスカートをめくったりしている」という、不特定相手の〝いたずら〟はあったが、「いじめは確認できなかった」との結論を下した。相手が学校であり、児童とあって、いわゆる犯罪調査のような厳しい取り調べをするわけにもいかず、証拠もない。学校という厚い壁に阻まれて、M君が教室から飛び降りようとした事実も確認できなかったという。

ＰＴＡも頼りにならなかった。役員には、いじめに加わった児童の保護者が複数いたこともあり、逆に「（いじめの）犯人とされている人たちに謝ってほしい」と言われる始末。

さらには、地元マスコミに訴えて記者会見まで開いたが、両者の言い分が簡単に紹介されただけで事態の改善にはつながらなかった。ほかにも町や県の教育委員会、児童相談所、人権擁護委員会――あらゆるところに駆け込むが状況は変わらない。

結局、いじめも自殺未遂も、M君の〝狂言〟ということになってしまったのだ。母親は悔しさをかみしめるような口調でこう語る。

「担任はもちろん校長も教育委員会も何もしてくれない。それどころか息子を嘘つき呼ばわりして、いじめをなかったことにして隠ぺいした。なぜ、みんな被害者ではなく加害者の肩ばかり持つのでしょうか」

まるで"町ぐるみ"で隠ぺい

M君の母親から相談を受けた知人の女性は、加害児童の家を訪問するなどして、いじめの事実があったことを突き止めようとするが、保護者たちの反感を買うばかり。

「ほとんど変人扱い。でも、このままM君が学校に行けない状態が続くのはよくない。何とか学校に戻れる状況をつくりたいと思っているだけなのに……」(知人の女性)

その後、「いじめ被害者の会」の大澤秀明代表(44ページのインタビュー参照)も駆けつけ、学校側と交渉を重ねて加害児童に対する「措置」を求めたが、校長は「いじめがなかったとは言わない。でも、調べても事実の確認がとれないんです。これ以上、どうすればいいのか」と言って動かない。結局、半年もの間、「いじめの事実があったか否か」の議論のところで止まったまま。12月に入ってようやく校長がいじめに気づかなかったことを謝罪したが、加害児童への措置は何ら行われていない。

M君の母親は言う。「実は、飛び降りを図った翌日、息子は勇気を振り絞って学校に行ったんです。それで、いじめに遭ったことを告白し、『いじめを見た人は手を挙げて！』とクラスメートに問い掛けた。なのに誰一人手を挙げませんでした。ショックを受けた息子は『友達に裏切られた』と言って、次の日から学校に行かなくなったんです」

この小学校は1学年1クラスで、クラスメートは卒業まで変わらない。しかも、この町では学校を卒業して成人しても7割が町にとどまって暮らすため、その人間関係は一生続く。逃げ場のない環境なのだ。

つまり、あまり〝騒ぐ〟と、その町で暮らせなくなるという実情がある。実際、地元出身であるM君の父親は「これ以上、事を荒立てたくない」と言って、母子と別居することになった。近所の人も、母親に会えば同情を示すが、具体的な手助けをする人はいない。それが母親には「まるで町ぐるみで隠ぺいしている」ように感じられてしまう。

複数の加害者を糾弾して罪を認めさせるより、一人の被害者を〝泣き寝入り〟させたほうが簡単に丸く収まる――そんな暗黙の了解が、いじめ犯罪を放置し、事件の解決を遅らせている。そして被害者側が家庭崩壊へ――。こんな非道がまかり通っているのだ。07年1月現在、M君が学校に戻れる見通しは、全く立っていない。

インタビュー

いじめ犯罪を放置する恐るべき教育現場
必要なのは指導ではなく「措置」

いじめ被害者の会代表
大澤 秀明（おおさわ・ひであき）

1944年生まれ。1996年1月にいじめで当時中3だった四男を自殺で失う。2006年10月に「いじめ被害者の会」を立ち上げる。

第2章

悲惨ないじめの現状

06年10月29日に「いじめ被害者の会」を設立してから、わずか3カ月で、すでに何百件という問い合わせや相談が全国から寄せられています。10月30日には、福岡県の筑前町で起きた中学2年生の男子生徒のいじめ自殺の件で、福岡県の教育委員会に改善を要望し、31日には文部科学省を訪れて、いじめ問題の解決を訴えました。

その結果、文科省は47都道府県の教育委員会に対し、次のような指示を出しました。それは、「『いじめは人間として絶対に許されない』との意識を、学校教育全体を通じて、児童生徒一人一人に徹底すること。特に、いじめる児童生徒に対しては、出席停止等の措置を含め、毅然とした指導が必要であること」(傍点編集部)——といった事項について、「総点検を行い、徹底を図るように」というものです。

その部分だけ見るとよいのですが、実際は学校の現場では何も変わっていません。例えば、長崎県の小学5年生のM君のケース(38ページ参照)でも「強制わいせつ」のいじめに遭ってるのに、学校がいじめをいじめとして認めない。だから未だに解決できず、半年以上も学校に通えない状態が続いています。

他県のある中学では、2年生の女子生徒が裸で土下座させられたり、口の中に小動物を入れられたり、みんなの前で四つんばいにさせられたり、お金を何度も取られたりしています。その生徒は不登校になり、精神に異常をきたしてしまいました。

いじめは「トラブル」扱いすることでかえって助長される

実は、私の四男も10年前にいじめで自殺しています。当時、中3でしたが、殴る、蹴るの暴行に加え、お金を巻き上げられ、みんなの前でマスターベーションをさせられるといった屈辱的ないじめを受け、思い余って自殺したんです。

中1の家庭訪問の時に母親の前で担任に「僕、いじめられている」と訴えたのに、教師は「(転校してきて)言葉が違うから慣れないせいもある。そのうち慣れるでしょう」と言って、「いじめ」ではなく「トラブル」だと説明したのです。

しかし、自殺した後で警察が調べたら、入学式の当日からいじめが始まっているんです。72例ものいじめが行われたことが明らかになり、1件1件についていじめたのは誰か、目撃者は誰がいたのか、分かりました。後に裁判で認定されましたが、「いじめをいじめと教師が捉えない」ところに問題があったわけです。

学校や教育委員会では「いじめ」があっても「トラブル」と捉えます。いじめはなかったことにして、生徒同士の「トラブル」だから、「仲良くしなさい」という「指導」をするだけ。

しかし、これは「いじめ」の黙認です。いじめる側は罰を受けないので「何をやっても大丈夫」と歯止めが利かなくなり、恐喝、強制わいせつとエスカレートしていきます。いじめられる側も「訴えてもムダ」となり、最後は耐え切れなくなって自殺するしかなくなる。早期にいじめを発見しても、「ちょっとしたトラブル」と対応すればいじめを助長するだけなのです。

学校側は被害者のほかは誰も傷つかずに済むし運営が楽なのです。「いじめ」として処理したら証拠が残ります。証拠が残れば先生の勤務評定にも傷がつく。教育委員会もそういう教師を処罰すると、管理者である自分自身も処罰しなければならないので、「ない」ことにしてしまう。いじめがあったなんて報告があったら困るんです。文科省が7年間いじめ自殺はゼロと発表した理由はここにあります。

だから「いじめ」があっても見て見ぬふり、訴えがあっても「トラブル」としてけんか両成敗で終わらせる。鹿児島で十数年前に起きたケースでは、**担任の先生が、いじめ被害に遭った生徒のほうに「おまえも悪い」と言って謝らせた。**生徒が自殺したのはその翌日です。いじめ自体もつらいが、いじめを誰にも分かってもらえないと絶望し、人間不信に陥って自殺するんです。

教育の現場ではいじめ犯罪の芽を摘むどころか、放置している。いや、これでは肥料をやって育てているようなものですよ。

安全配慮義務の徹底を

必要なのは、「指導」ではなく、「措置」なのです。**教師には「安全配慮義務」というの**

があって、いじめなどによる生命、身体、精神、財産などの被害の発生を防ぐ措置を講じる義務があります。病気をしたら診察し検査して、悪い箇所を取り除くのと同じですよ。まず何より先にいじめた児童生徒、加害者側に対し、いじめは絶対に許されないとして、「措置」しないといけないのです。

教師は、いじめ被害者から訴えがあったら、事実関係をよく調べた上で、いじめをいじめと認め、「いじめは絶対に許されない」と加害者を他の児童生徒の前で厳しく叱り、加害者から親同伴で被害者側に謝らせて、いじめ行為を止める、というところまでやらなくてはなりません。

このような対処をして、いじめ行為を継続させないことが大切です。いじめは、継続させることによって深刻化し、被害者が不登校になったり、最悪の場合、自殺したりするからです。また、いじめが発生しなくても、常日頃から、児童生徒にホームルームの時間などに、「いじめは卑怯《ひきょう》者がすること」と強く言っておくことです。

そうして初めて、児童生徒たちにも「いじめはいけない」ということが分かるし、いじめが起きても「教師が守ってくれる」と分かって、信頼が生まれる。信頼関係があれば、子供は安心して「いじめられている」「いじめが行われている」と訴えるようになるんですね。

教師が「SOSに気づかなかった」というのは言い訳です。児童生徒に信頼されていない、そのための努力もしていないという証左です。

やはり、児童生徒がいじめの事実を訴えられるような信頼関係作り、信頼関係を作るための教師による加害児童生徒に対するきちんとした措置が、ぜひとも必要です。

現状では、ひどい教育で、すでに何百人という児童生徒が〝殺されて〟いるんですよ。息子のようにいじめで自殺する子をなくしたい。そのために、今後も闘っていきたいと思います。

「いじめ被害者の会」の連絡先は、大分県佐伯市内町2－30（電話0972－23－8372）

インタビュー

今、父母が立ち上がらなくては

いじめ防止に向け、市民ネットワークも稼動

自殺者まで生み出しているいじめの実態は、全国のNPOや市民団体への問い合わせ、相談の急増からも、その切迫度が十分察せられる。

そうした中、06年12月新たに非営利団体「いじめから子供を守ろう！ネットワーク」が設立された。矢内筆勝代表に、その設立の経緯、趣旨を聞いた。

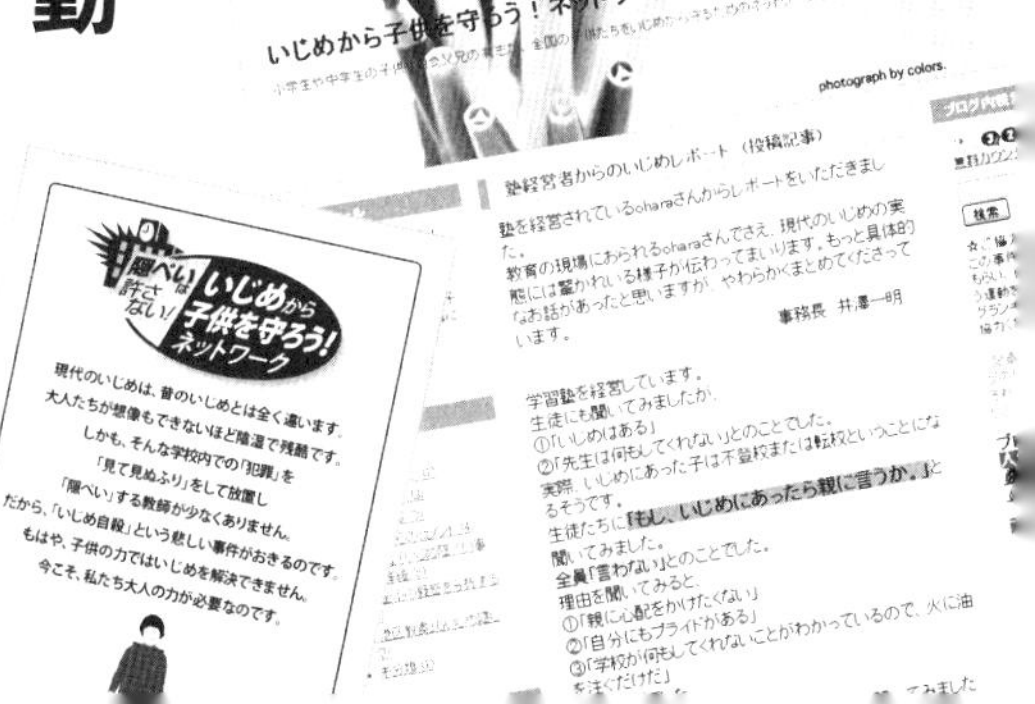

——「いじめから子供を守ろう！ ネットワーク」を設立した経緯は何でしょうか。

直接のきっかけは、昨今、連続して起きているいじめ問題での、学校側の対応のあまりのひどさを知ったことです。

子供たちを守るどころか、自分たちの保身のために、一般の社会では信じられない「嘘」や「言い逃れ」、「証拠隠し」を、〝聖職者〟であるはずの教職員が平然と行って、恬《てん》として恥じない。その徹底した組織的な「隠ぺい体質」に、正直、驚きました。

ネットワークを立ち上げるに際して調べてみただけでも、とくに、学校側による「いじめ隠ぺい」が、全国の公立学校に蔓延していることが分かってきました。

テレビや新聞報道を見ていると、よく分かります。自殺した子供が遺書に「いじめられた」と訴えていたとしても、校長や学校側は、「いじめはなかった」「確認できなかった」「調査中」と言って、いじめの存在を絶対に認めません。

なぜでしょう？ その背景には、個々の担任や校長、教育委員会も含めた教育界の徹底した「事なかれ主義」や「無責任体質」があります。

いじめを認めれば、面倒な仕事が増え、自分たちの監督責任が問われて不利益を被る――。だから、いじめを発見しても「見て見ないふり」をする。いじめられた子供に相談されても、「いじめられるあなたにも原因がある」と言いくるめ、「泣き寝入り」させる。いじめられた子供に「自分が悪かった」と謝罪させ、「口封じ」する。そして、いじめた子供に加担する。保護者が被害を訴えても「あれはいたずらだった」「勘違いです」「お宅の子供にも原因がある」と言いくるめ、事件性を否定してうやむやにする。問題をすり替える。嘘を言う。証拠を隠ぺいする。口裏を合わせる――。

調べれば調べるほど、そんな意図的な「いじめ隠し」が、全国の公立学校で繰り広げられていることが分かってきたのです。

――責任から逃げたいために、学校ぐるみでいじめを「隠ぺい」する構図になっている？

つまり、本来なら「いじめられた子供を守らなければならない」立場にある教師が、地獄の門番や鬼さながらに、いじめを助長し、加担しているわけです。これは明らかに悪です。教師の道からはずれた、極めて悪質な行為です。

いじめられている子供は、学校で唯一、味方になってくれるはずの教師から見捨て

られて絶望し、逆にいじめている子供たちは、教師からいじめの「お墨付き」をもらうことになり、いじめはどんどんエスカレートし、歯止めが利かなくなるのです。それはもはや「いじめ」などという生易しいものではなく、完全な人権侵害であり、犯罪です。

その結果、多くの子供たちが心身ともにズタズタにされ、不登校、転校を余儀なくされ、人間不信に陥り、肉体的・精神的に障害を負い、自殺へと追いやられているのです。

――学校の先生の態度が、いじめを助長しているわけですね。

今、日本には小中学生の不登校児が約13万人います。そして毎年6００人もの子供たちが自殺しています。そしてその原因のかなりの部分は、統計には表れていませんが、実はいじめだと言われています。**今この瞬間にも、全国で何十万、何百万もの子供たちが、いじめによって悩み苦しみ、声なき声で助けを求めている**のです。

いじめから子供たちを守るには、学校に正義を復活させ、病んだ教育界を根本から改革する必要があります。子供の力だけでは、もはやいじめは解決できません。ましてや学校や教育委員会にも、浄化能力はありません。

今こそ、実際に子供を持つお父さんやお母さん、そして心ある大人たちの力が必要なのです。日本の教育を復活させるための、力の結集が必要なのです——。そのために、私たちは立ち上がりました。

——ネットワーク設立後の反響や、これからの活動の予定はどうなりますか。

最初の仕事として、06年12月に会の活動趣旨を掲載した「いじめから子供を守ろう！ネットワーク」のブログを立ち上げました。

以来、本当にたくさんの方がアクセスしてくださり、運動への賛同と支援の声を寄せていただきました。そして開設から1カ月たたない間に、**読者の人気度を測る「ブログランキング」の教育分野で、ナンバーワン**になってしまいました。

投稿の内容も、実に具体的です。例えば、塾経営者から生徒へのいじめアンケートの調査結果が寄せられたのですが、「もし、いじめにあったら親に言うか？」との問いに、生徒全員が「言わない」と衝撃的な回答をしていました。その理由として、「親に心配をかけたくない」のほかに、「どうせ学校は何もしてくれないから」との回答が第3位を占め、塾経営者自身もその実態に大変ショックを受けていました。

このほか、カナダ、アメリカなど海外からも、事例や意見が寄せられるなど、いじめ問題に関する読者のみなさんの関心の深さが伺えます。子供たちの未来のため、**日本の未来のために「教育を変えなければならない」という真剣な思いが、こうした形で集まっている**のです。

これからの活動としては、いじめの相談窓口を充実。そして、この運動に賛同・支援してくださるサポーターを増やしていきながら、さまざまな市民団体とも連携して、教育界の浄化と改革に向けた啓蒙・提言活動など、幅広い活動を展開していく予定です。

ぜひ、みなさまのご支援をよろしくお願いいたします。

「いじめから子供を守ろう！ネットワーク」 いじめに関する相談を受け付けています。
〒142-0051　東京都品川区平塚2-3-8
TEL 03-5750-0779　FAX 03-5750-1741
ブログ http://mamoro.blog86.fc2.com/　メール mamoro@mail.707.to

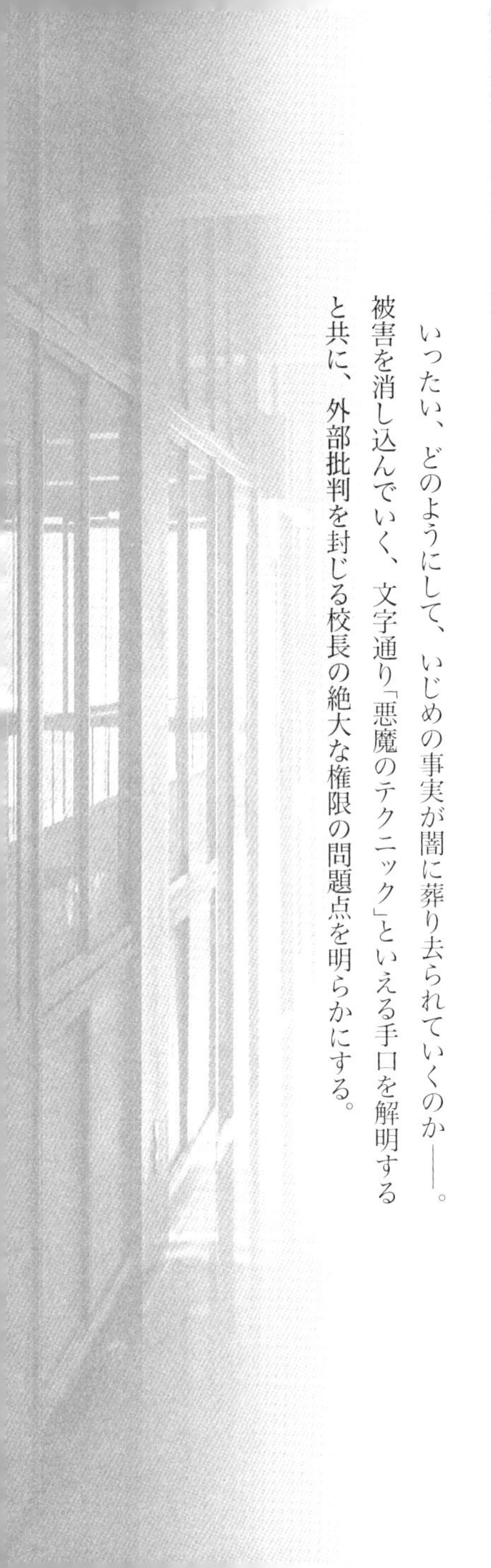

第3章

いじめ隠ぺいの構図

恐るべき、からくり

いったい、どのようにして、いじめの事実が闇に葬り去られていくのか――。被害を消し込んでいく、文字通り「悪魔のテクニック」といえる手口を解明すると共に、外部批判を封じる校長の絶大な権限の問題点を明らかにする。

1 被害者を悪者にして いじめを消す悪魔のテクニック

全国共通

加害者を守り、被害者の訴えを黙殺するという学校側の対応は全国いたるところで見られる。いじめ加害者の放置は、犯罪者予備軍の〝育成〟と、最悪の場合は被害者の自殺につながる。いじめをもみ消す手口は、もはや〝悪魔のテクニック〟とまで言える域に達している。親としては、わが子を守るためにもこの手口を知っておくべきだろう。

加害者が明確な場合

言葉、仲間はずれ、暴力、カツアゲなど被害者が教師に被害を訴える。

①教師が加害者に質問をし、加害者が弁明すると**加害者の主張を全面的に採用していじめの事実はない**とする。

教師の側に被害者の告発を全て聞こうという態度がない。それよりも加害者の言い分をしっかり聞こうとする。複数・多人数の加害者グループを問い詰め白状させ、叱ったり、保護者にも謝罪させようとすれば、大変なエネルギーが要る。これを避けるには、加害者側の主張（言い逃れ、偽証）を採用し、「いじめの事実はない」とするか、「たいした問題ではない」と矮小化《わいしょうか》するのが、エネルギー効率的にも最も楽。**被害者に「事実ではないことを言った」として謝罪させる**ことができれば、完全に被害者の口を封じることができる。

②教師が加害者と被害者を同時に呼び出し、**話し合い**をさせる。

「話し合って解決しなさい」というのは、一見正しい対応のように映る。確かにそれで解決できるレベルのけんかやトラブルはあるだろう。しかし、1対多人数のいじめの場合、教師が「話し合いで」と言うと、善悪をはっきりさせないやり方を教師が〝公認〟してしまうことになり、いじめが収まるどころか、悪化する。**話し合いで加害者に弁明させ、被害者にも落ち度があったと謝罪させる**となればなおさらだ。この「話し合い民主主義」は、善と悪を分ける正義の価値観が弱い教師の逃げである。

③加害者を呼び出しもせず、被害者にも落ち度があったと説教する。**自業自得《じごうじとく》と叱責《しっせき》**する。

一般社会では、犯罪の被害者に対して「自業自得だ」と言って警察が何も対処しなければ、〝大事件〟となる。それが学校の中ではなぜか通用する。教師が「自業自得」と被害者を言いくるめる理由は何でもいい。「君も過去に同じようないじめをやったじゃないか」「カツアゲされるのは君が大金を持ってくるからだ」などなど。まさにヤクザの因縁の類だ(本来の因縁果報の意味とは、逆転している)。

④被害の**訴え自体を虚偽**だとして、被害者を叱責する。**クラス会で被害者に謝罪させる**。

最も恐ろしい「悪魔のテクニック」が、クラス全員の前での謝罪だ。よくあるのが、いじめ被害者が物理的に反撃をし、加害者にけがを負わせるなどした場合、その反撃自体をことさら大きく取り上げて被害者に「加害者」のレッテルを貼り、いじめ被害を消し込んでいくやり方。被害児童が、「申し訳ない」という思いにかられて謝罪したら、いじめ被害は全く存在しないことになり、いじめを止めるものは何もなくなる。

教師によるもみ消しも、いじめ自殺の原因

いじめ隠ぺいの手法で最も効率的なのは、被害者の何らかの落ち度を見つけ出し、〝引き分け〟や〝お互い様〟に持ち込む「相打ち」か、被害者を加害者に仕立て上げる「いじめ被害潰し」だ。これは、前述したようにさまざまな形をとる。

全国でのいじめ自殺の続発は、いじめ被害に加え、教師によるいじめもみ消し・隠ぺいにも大きな原因があるということだ。

①加害者の主張を採用↓「いじめの事実はない」とする
——一連のいじめ自殺のケース

06年後半、表面化したいじめ自殺は、学校側がいじめの事実や何らかの兆候をつかんでいながら、「たいしたことはない」と迅速に対処しなかったという点で、①のパターンに近い

と言える。

第1章で触れた3つのケースで見てみよう。

8月に愛媛県今治市の中1男子生徒が自殺した事件では、小学校から「いじめられている」旨の申し送りがあったが、中学校側は勝手に沈静化したと判断していた。

10月に岐阜県瑞浪市立瑞浪《みずなみ》中2年の女子生徒が自殺した事件では、自殺の6日前に母親が学校側に相談したが、学校側はほとんど何も対処していなかった。

11月に自殺した埼玉県本庄市立本庄東中3年の男子生徒は、何度も同級生に金銭を要求され、学校の相談員に打ち明けたが、学校側はすぐに加害生徒に対処しなかった。

これらは全てが加害者の言い分をうのみにしたわけではないものの、いじめ被害者の声をそのまま受け止めず、対処を先延ばししたことが悲劇を生み出した。

「いじめの事実はない」「たいした問題ではない」といじめに正面から向き合おうとしない教師に出くわすことは、残念ながらさほど珍しいことではない。

横浜市内の小6男児のC君も、その一人。

C君は軽度の自閉症で、小5の時、仲間外れや言葉でのいじめに遭《あ》い、吐き気や頭痛など身体症状が出て不登校がちになった。

しかし、母親が相談しても、担任はいつも「何も問題ない」という態度で、「いじめという言葉を使わないでほしい。いじめではなく、相互の理解がないことに基づく誤解」と主張した。他の子の目撃証言があっても、「たいしたことない」「心配するようなことは何もない」の一点張り。C君が納得していないのに、けんか両成敗的に他の子と互いに謝らされたこともあった。

結局、父親が乗り出して校長や市教委と交渉を重ねた結果、新年度に担任が異動になった。

②加害者と被害者で話し合いをさせる
――北海道滝川市、大阪府富田林市のいじめ自殺のケースなど

北海道滝川市の小6女児が自殺を試み、06年1月に死亡したケースでは、自殺直前、修学旅行で女児が入る部屋割りが決まらず、担任は3回も話し合いをさせたという。教師がいじめに〝加担〟したと言われてもやむを得ない。

11月に自殺した大阪府富田林市市立第一中学校の1年女子生徒(第1章参照)は、自殺の6日前に、いじめを目撃した担任が加害者グループの男子生徒の目の前で、女子生徒を「嫌ならはっきり言いなさい」などと問い詰めたという。女子生徒は担任が加害生徒の行為に正当性を与えているように受け止めたのかもしれない。

一見優しそうに見える「話し合い」は、実は残酷なものだ。群馬県の公立小3年の男児D君が見舞われた、いじめ体験もそうだった。

D君は小1の時、3年生の男児から登下校中、ランドセルを開かれて鉛筆の芯を全部折られたり、持ち物を下水に投げ込まれたり、ドブに突き落とされるといったいじめに遭った。地域の球技大会でD君の弁当に残飯が押し込まれるという〝事件〟まで起き、母親が担任に対処を求めた。担任の女性教諭は、「私とD君とその子で話し合ってみます」と答えた。

翌日、担任は結果について電話で伝えてきた。「D君が先にやっていたんです。悪い言葉を言ったり、手を出したり、D君が悪かったみたいですよ」。

母親は絶句した。「どうして？　相手は3年生だし、うちの子から人に手を出すなんて、性格的に考えられない」。どこにも憤りをぶつけようがなかった。

帰宅したD君は、「なんか分かんないけど、僕がやったんだって……」と混乱していた。D君はその後一時期、家で何かにつけて泣きながら怒るという情緒不安定な行動をとることが続いたという。

「話し合い」という名の理不尽ないじめもみ消しは、子供の心に大きな傷を残す。

③被害者を「自業自得」と叱責する
——福岡県筑前町のいじめ自殺のケースなど

06年10月に福岡県筑前町立三輪中の2年男子生徒が自殺した事件(第1章参照)で、同町教育委員会は「亡くなった生徒も悪口を言っていた。お互いが言い合っている関係」(教育課)と説明している。

人が一人死んでいても、被害者の落ち度が指摘され、「相打ち論法」によっていじめ被害が消されてしまう。この男子生徒は学校からも同じようなことを言われ、自殺してしまったのではないだろうか。

東京都内の小4女児Eさん親子は、上履きを続けて隠されるといういじめの兆候があった時、あらぬ因縁をつけるかのような担任の問題すり替えに悩まされた。

06年1学期、登校したら上履きがなく、Eさんは1日中不愉快な思いをし、泣いて家に帰ってきた。母親が担任の女性教諭との面談で「誰がやったんですか?」と聞くと、「まず言っておきますが、犯人探しはしません」といきなり〝宣言〟された。

さらに驚いたことに、担任は「実は2年生の時、ある子の筆箱がなくなって大騒ぎになったんですけど、お宅のお子さんが犯人だと思うんです」と断定調で言い放った。その時は3回にわたって筆箱がなくなり、3回ともEさんが発見したが、その場所が「犯人でないと分からない場所だから」という。

言外に「もともとはお子さんが悪い。やり返されただけ」と牽制《けんせい》しているようで、母親は不愉快に思いつつも、それ以上何も言えなくなってしまった。

しかし後で考えてみれば、なぜ2年も前のことを持ち出されないといけないのか。当時は別の学年を受け持っていた今の担任が、なぜこの話を知っていたのか。母親は「何かおかしい」と思った。

家に帰ってEさんにそれとなく2年前のことを聞いてみると、泣いて「絶対やってない」と否定。それもそのはず、筆箱がなくなった被害女児とは仲良しで、放課後に「みんなで探そう」とEさんが率先して解決しようとしていたからだ。担任は、当時のことをよく知らないまま、「犯人だと思う」と推定してきたにすぎない。

この母親は「いじめ自体より、先生の対処(もみ消し)にすごく問題があると思いました。教師、学校は悪くないという責任逃れを感じます」と話している。

④被害者の訴えは虚偽だとしてクラスで謝罪させる
――鹿児島県出水市でのいじめ自殺のケース

いじめ隠ぺいの手口としては、最も悪質なのがこの方法だ。

鹿児島県出水市で、94年に公立中学3年男子生徒が自殺したケースが当てはまる。

この男子生徒は、顔や頭にけがをして学校から帰ってくることが度重なったという。保護者が担任に訴えたところ、クラスでアンケート調査を実施(「いじめがあった」と書いたという生徒の証言もあったというが、学校側はアンケート結果を開示せず）。しかし、「いじめの事実が出てこなかった」として、担任はこの男子生徒にクラスで謝らせた。男子生徒が自殺したのはこの次の日だった。

被害を訴えているのに、「君は虚偽を言っている。君が悪い」と言われる子供の心の傷はどれほどだろうか。

加害者が不明確な場合

～ネット書き込み、盗難など～

被害者が教師に被害を訴える

↓

教師は何もしない

↓

被害者が自力で犯人を探そうと、友人に問いただす

⬅

教師は、**被害者が友人を問いただしたことを叱責**する。
「クラスメートを犯人扱いするな」と被害者を謝罪させる。

⬅

仙台市立中学でのいじめ被害のケース

06年10月、仙台市立中学3年の男子生徒(以下、F君)が、インターネットの書き込みで実名で誹謗《ひぼう》中傷され、転校後、被害届を出した。
このケースでは、ネットの掲示板に、F君を名指しで「生きてる価値ない」「このまま登校

拒否になってしまえ」「ここにFがいたら殺すぞー」「死ね！　うざい！　キモい！」「死ね」という文字が45回も繰り返されるなど、当事者ならずとも目を覆いたくなる言葉が並べられた。

ある時、F君の名前で「何か、文句でもありますか？・」と反論する書き込みが行われ、F君は同級生から反論したという疑いをかけられた。身に覚えのないF君は、2人の教諭に「やってないのに信じてもらえない」と伝え、担任教諭にも訴えたが、同級生男女11人から「悪口を書いたのはお前だろ」と言い掛かりをつけられて顔を叩かれた。実際には、その書き込みが行われた時間帯、F君は部活中で投稿はぬれぎぬだったという。

また、書き込みをめぐってF君と同級生が言い合いになったとき、担任教諭は「根拠がないことで決めつけるのは良くない」とF君に謝罪させた。一方的に謝らされ、深く傷ついたF君は、その後転校を余儀なくされた。

転校後、F君の家族は仙台南署に被害届を提出。同署は、侮辱《ぶじょく》罪の疑いで捜査に乗り出し、在校生から事情を聴くなどして、07年1月、同中生徒を、侮辱の非行事実で仙台家裁に書類送致した。

確立されている、いじめ隠ぺい手法

以上が、最悪の場合、子供たちを自殺へと追い込むいじめ隠ぺいのテクニックだ。いじめ解決から逃げる教師のやり方は、子供を持つ親ならば、程度の差はあれ体験したり、身近で見聞きしたりしたことがあるのではないだろうか(肩身の狭い思いをしている良心的な教師もいるが)。

一方で、良識ある校長や教師が管理する私立校や、規律を厳しくしているミッション系の学校は、いじめ加害者の特定・謝罪という被害者の救済の方法が確立されている。いじめが隠ぺいされ、解決の道が閉ざされるテクニックとは反対に、1日や2日であっという間に解決を図るというものだ。

いじめ隠ぺいテクニックのほうも、これだけ全国の学校で当たり前のように行われているので、手法が確立されていると言っていいだろう。もしかしたら、「いじめ隠ぺいマニュアル」とでも言うべきものがあるのかもしれない。

2 学校を私物化する校長の権限

もはや、民主的コントロールを受けつけないまでに学校内で独裁化しつつある、校長の権限。重大な責任を問われないまま、教育委員会、警察をも巻き込んで隠ぺいを図られ、いじめ被害者が泣き寝入りを余儀なくされるとは、あまりに理不尽だろう。

闇に葬られる事件

06年5月、福岡県北九州市のTさん(42歳・女性)は、子供の学費のために振り込む予定で自宅テーブルの上に置いていた現金10万円がなくなっていることに気づいた。

同市立中学1年の三男(12歳)を問い詰めると、「実は、友達に盗られた」と明かした。同級生たちがやってきて、一人が「トイレを貸して」と家に上がり込み、部屋に居座っているうちに、もう一人がその現金を手にしていた。三男が「返せよ」と言ったため、いったんは戻したものの、いつの間にか現金は抜き取られていたという。

Tさんは、急いで担任教師（48歳・男性）の自宅に電話したが「そういうことには、かかわれません」とにべもない返事。「相手のお子さんに聞いてみてください」とお願いしても、「そんなことできるわけないじゃないですか」。「では警察に言いますよ」との言葉に「いいですよ」と言われ、やむを得ず、Tさんは地元の警察に盗難の被害届を出した。

この件については、その後全く警察からの連絡はなかったが、6月のある日、Tさんは突然警察に呼び出され、長男はほかにもその同級生らに学校内外でお金をたかられていたと知らされた。しかし、警察は「これは恐喝《きょうかつ》ではない。お宅の子が同級生にお金を渡している」との見解で、恐喝の被害届も受理しようとしなかった。これについては、後日、校長が「この子は小学校のころから、自分から友だちにお金を渡している」と警察に言って回っていたことが分かった。

「お前がやった」との教師の発言に、「死ぬ——」

その後Tさんが調べたところ、4月中旬から5月下旬にかけて、同級生7人に複数回にわたり計8万円相当の金額を恐喝されていたことが確認された。

数日後、三男は学年主任、生活指導主事の教師に呼び出され、先の盗難の件について、「本当はお前がお金を抜いたんじゃないか」と聞かれた。Tさんがその後その教師らに確認したところ、その教師らは前言を翻し「そういうことは言っていない」と答えたため、三男は教師の言動に強いショックを受け「学校に行きたくない」と暴れ出し、「もう死ぬ。遺書も書くから」と部屋に閉じこもってしまった。

教育委員会・警察もいじめを隠ぺい？

校長は、「問題の生徒は『通帳には触ったが、お金は盗っていない』と言っている」と釈明し、加害者の親に会いたいとの申請にも「感情的になるといけませんから」と一切拒否。子供が

「いじめ」と言っているのに、校長は「いじめではない。〝金銭トラブル〟です」と答えたという。

市教育委員会も二転三転。当初は話を聞いてくれたが、やがて「学校からそう(トラブルと)報告を受けています」との返事に変わり、Tさんが「でもトラブルというのは日本語で言えば事件でしょう」と詰め寄ると、教育委員会は「違います。〝問題〟です」と答えたという。

再び校長に「なぜトラブルと報告したのか」と問うと校長は、「警察の判断です」との返事。

Tさんは「学校、教育委員会、警察がグルになって、いじめを隠ぺいしている」と悲痛な叫びを訴える。

現在(07年1月)に至るまで、学校から加害者に対する措置《そち》も、Tさんらへの謝罪も一切ない。三男はかろうじて学校へは登校しているものの、今でもいじめに遭い続け、対人恐怖で苦しんでいるという――。

教育委員会も担任を交代できない

一般に、日本の教育制度を論じる際は、「校長の権限は大幅に制限され、学校は、『文科省―都道府県教委―市町村教委―学校』の四層構造の一番下に位置し、上意下達の方針に縛られている」と理解されることが多い。しかし、こうしたケースを見ると、むしろそれが親からの批判をかわす煙幕となり、こと「いじめ隠ぺい」に関しては、校長には、外部批判を封じる絶大な権限があることが見えてくる。

法律上、公立学校の管理は教育委員会が行うとされ、その職務権限も定められている。一方、校長には「校務をつかさどり、所属職員を監督する」という「校務掌理《しょうり》権」があり、校長は学校の最高責任者であることが明記されている（次ページ下図）。

しかしいずれも包括的な規定で、具体的な権限行使のあり方について詳しく規定されているわけではなく、時として校長と教育委員会の間で競合関係が生じることもある。

戦後の教育行政は、戦前の反省から、法律的な強制力のない「指導・助言」を中心とする「指導行政」に転換した。もちろん、学校の管理者である教育委員会は、校長の権限とされている職務に関しても法的拘束力のある「指示・命令」を行えるが、児童生徒を対象とした教育本来の仕事については校長に大幅な裁量権が与えられており、教育委員会の指揮監督は細部には及びえないと解釈されている。

文部科学省・教育委員会と学校の関係

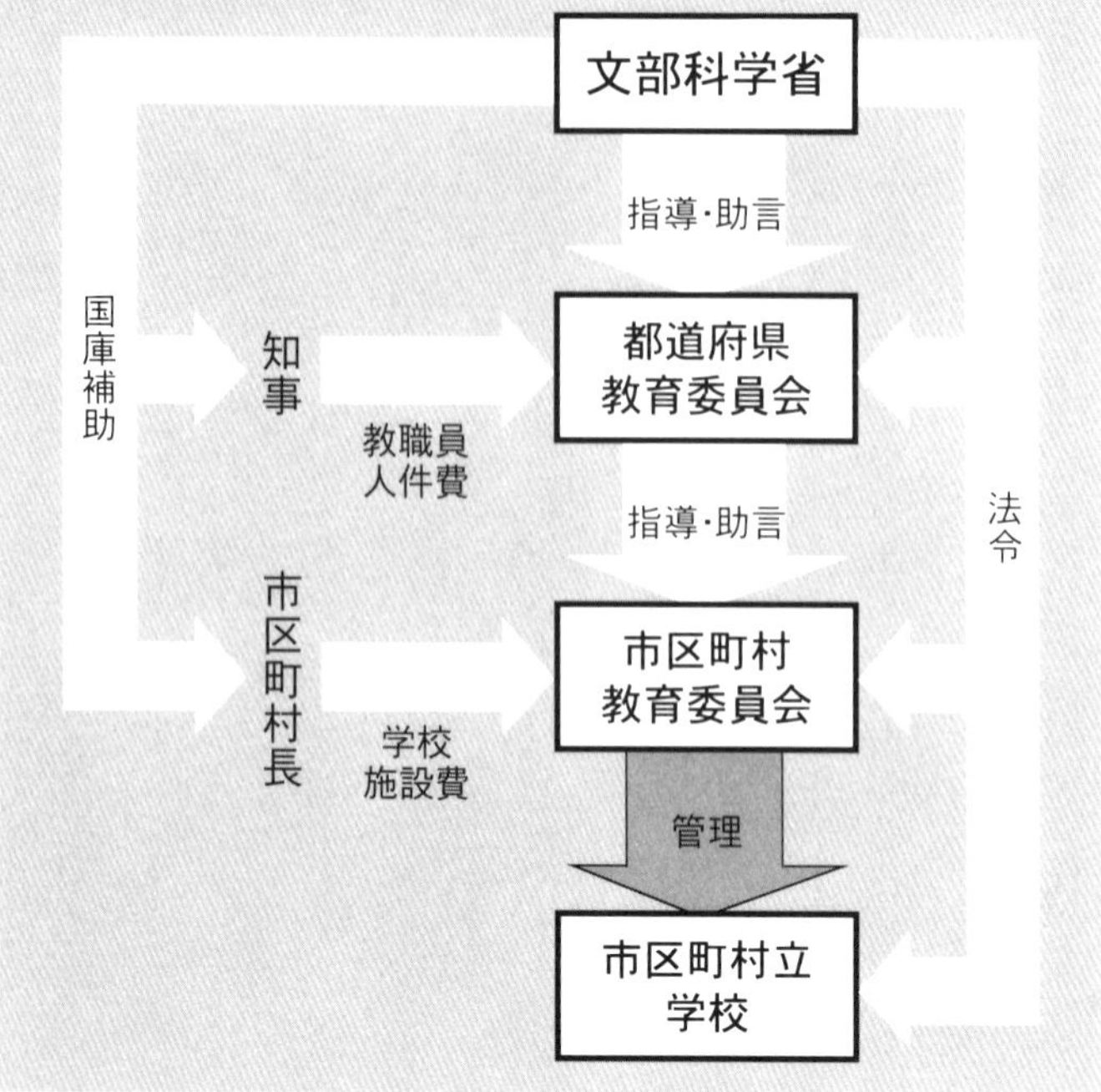

文部科学省
指導・助言
都道府県
教育委員会
指導・助言
市区町村
教育委員会
管理
市区町村立
学校
国庫補助
知事
教職員
人件費
市区町村長
学校
施設費
法令

教育委員会と校長

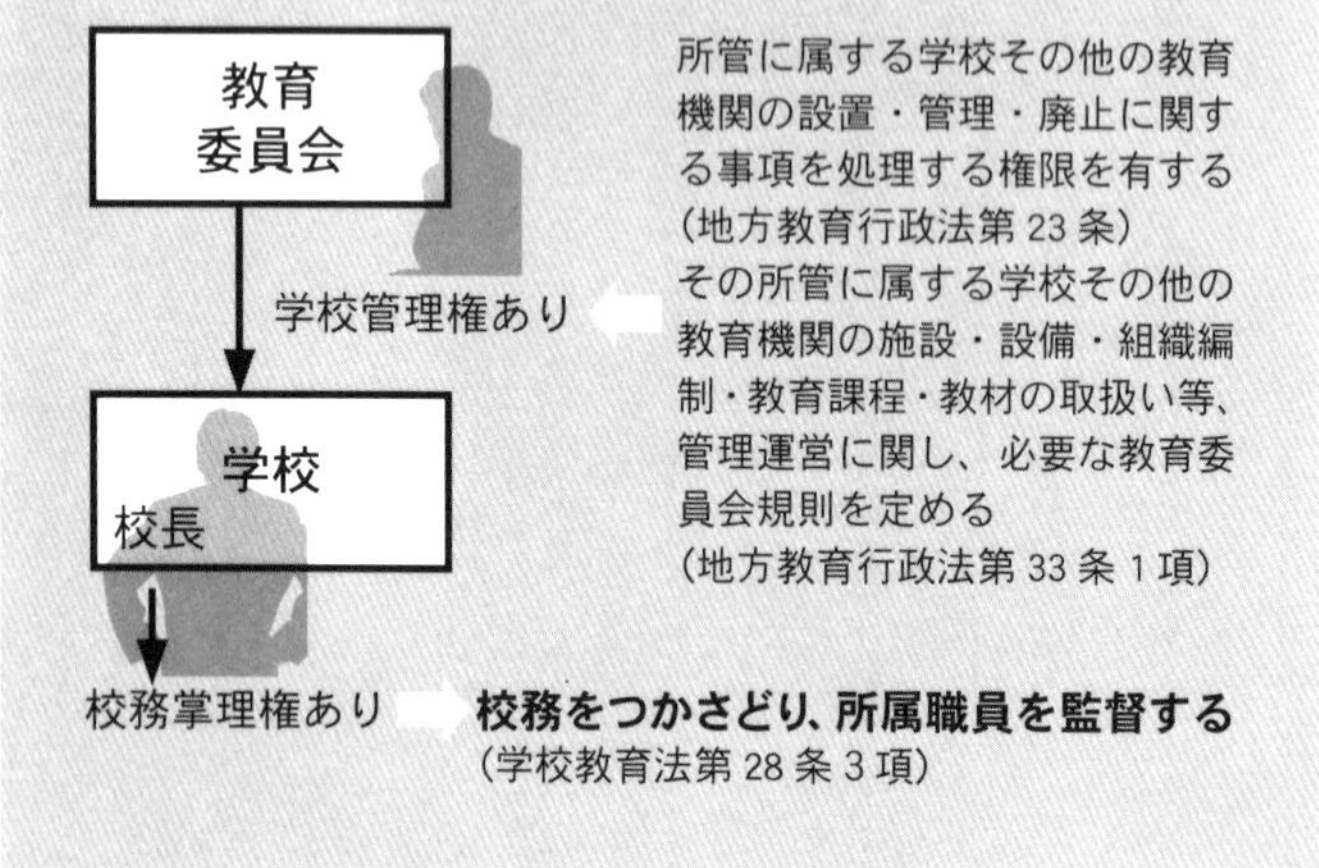

教育
委員会
学校管理権あり
学校
校長
校務掌理権あり
所管に属する学校その他の教育機関の設置・管理・廃止に関する事項を処理する権限を有する
(地方教育行政法第 23 条)
その所管に属する学校その他の教育機関の施設・設備・組織編制・教育課程・教材の取扱い等、管理運営に関し、必要な教育委員会規則を定める
(地方教育行政法第 33 条 1 項)
校務をつかさどり、所属職員を監督する
(学校教育法第 28 条 3 項)

つまり、個々の問題については校長はじめ教員の判断が優先され、教育委員会はよほどのことがない限り指示・命令することはないのだ。

したがって、通常の場合は、担任の決定・交代など、校長の校務掌理権に属する校内人事は校長の一存で決まり、教育委員会も、校長に「お願い」できるに留まることになる。

名門校や校長会幹部の校長には教育委員会も頭が上がらない

それでもこうした「指導行政」が機能しているのは、教育委員会が人事権と予算編成権などの権限を持っており、これに従わなければ、校長は自らに不利な処分を覚悟しなければならず、「指導・助言」は事実上の「指示・命令」に等しかったからである。

しかし、いじめ事件のような不祥事が起きた場合は、校長の本音が顔を出す。校長は多くの教員にとって出世の到達点であり、多くの校長の本音は無事に任期を終えることと言われる。ともすれば、校長にも監督責任が及びかねないいじめ事件は、徹底的にもみ消そ

う と考える校長が現れても不思議ではない。

一方、教育委員会の中心メンバーである指導主事のほとんどは教員出身。学校に転出する場合は、多くは校長、教頭となり、指導主事は管理職へのステップとして位置づけられている。名門校や校長会の幹部の校長ともなると、人事権を実質的に握っており、指導主事も頭が上がらないことも多いと言われる。

そこで学校側は、インフォーマルな力関係も最大限活用しながら、教育委員会の監視をいかにくぐり抜けるかに全力を注ぎ、教育委員会をも欺《あざむ》きつつ被害者に対応していくこととなる。

「教育委員会が学校に隠ぺいの指示」

さらには、教育委員会も、教師の上司という点では校長と利害を共にする。

いじめのない社会を目指して活動するNPO法人「ジェントルハートプロジェクト」理事の武田さち子氏は、著書『あなたは子どもの心と命を守れますか!』の中で、「学校の失態は、管理する教育委員会の失態となるために、2つは一枚岩であることが多い。学校の、特に管理職は、人事権を握る教育委員会の顔色を真っ先にうかがう。教育委員会が学校に隠ぺいの指示を出す」と指摘する。

同書によれば、「以前は調査した上で隠ぺいを図っていたが、最近は調査さえしないで蓋《ふた》をしてしまう。事実を知れば隠さなければならなくなるが、最初から誰も知らなければ、バレようがない。それぞれの情報が統合されない中で、当事者たちでさえ何が起きたか分からないまま、事件に終止符が打たれる」という。

警察を排除し、学校は〝治外法権〟の世界に

前出のTさんの三男の例のように、いじめの多くは犯罪に当たる。

いじめ問題に関する著書がある、弁護士・作家の中嶋博行氏は、こうした犯罪について「ためらうことなく警察力を導入し、加害者を刑事司法で裁く必要がある」と主張する（97ページのインタビュー参照）。

平成17年版の「犯罪白書」によれば、暴行や脅迫を伴う「暴力犯罪型のいじめ」は年間約1万件発生。しかし警察が検挙・補導したのは、いじめに起因する事件全体でわずか160件程度で、たった1・6％だ。

警察がいじめの被害救済に熱心でない理由として、中嶋氏は、「教育の壁と法律の壁がある」と指摘する。同氏によれば、教育の壁とは学校に渦巻く警察アレルギーであり、法律の壁とは、刑法・少年法によって、14歳未満は処罰できないことから、警察が意欲を失っていることだという。

もちろん、学校は、法で定められた「治外法権」の場ではなく、校内で犯罪が起きているならば、当然、警察の捜査権は及び、校長もそれを拒否できない。

しかし、戦後の左翼的風潮のなかで、旧教育基本法第10条の教育への「不当な支配」や憲法第23条の「学問の自由」の文言をもとに、「学校の自治」を拡大解釈し、教育の場に警察などの外部権力を入れてはいけない雰囲気が作られてきた。

最近では、多くの学校は、少年非行問題や校内暴力の問題もあって、警察と連携をとるようになってきた。これは、一面では警察が真剣に学校のいじめに取り組む端緒とも見えるが、逆に、警察が学校となれあいになる危険も併《あわ》せ持つ。

前出の武田氏は、前掲書の中で「地元警察は学校の意図を酌《く》んで、学校に不利な結論を出さないのではないか」と疑念を表明している。

「校長の権限は教育長より強い」

90年代後半からの地方分権の流れの中で、職員会議も法制化され、校長が主宰することが明文化されるなど、校長の権限は大幅に強化され、すでに校内においては、ほぼオールマイティーに近い存在になっている。

そして同時に文科省の地方教育界への指導権限は弱まり、都道府県教育委員会の市町村教育委員会への指導権限も弱められてきた。その上、さらに校長の裁量権を拡大し、人事権・予算編成権を強化する方向で改革は進められている。

ある公立小学校教頭は「学校に関して言えば、教育長の権限をも越える権限が、いま校長には与えられている」と語る。

かくして、インフォーマルな権限も含めれば、校長は、民主的コントロールを全く受けないほぼ独裁に近い権力を持つことになる。その校長が、教育委員会・警察をも巻き込んで隠ぺいに走ったら、ほとんどの場合、被害者は泣き寝入りするしかないだろう。

政策研究大学院大学教授で、内閣府に設置される規制改革会議委員の福井秀夫教授は、「現在のように校長の身分がほぼ完璧に保障され、学校運営に失敗しても免職など、責任を厳重に問う仕組みがないまま分権を進めることは、確実に事態を悪化させる」と、安易な校長の権限強化に警鐘を鳴らす(85ページのインタビュー参照)。

インタビュー

独裁権力化する校長に厳しいチェックを

規制改革会議委員
政策研究大学院大学教授
福井 秀夫(ふくい・ひでお)

1981年、東京大学法学部卒業後、建設省入省。京大博士(工学)。法政大教授、ミネソタ大政治学科客員研究員などを経て現職。専門は行政法など。著書に『官の詭弁学』『司法政策の法と経済学』など多数。

学校には「いじめ回避義務」がある

いじめをめぐる議論では、地域や家庭の責任を問う声もありますが、抽象的すぎて実際の教育施策には役立ちません。基本的に、学校で起きたいじめは全て学校の責任と捉えるべきです。

担任は自分のクラスに対し、校長は全校児童生徒に対し、いじめやいじめの原因となる言動をただちにやめさせる「いじめ回避義務(安全に教育を受けさせる義務)」を法的に負っているからです。

この「いじめ回避義務」は「学力を高める」こと以前に、学校管理上、最低限求められる法的義務であり、その責務を促す国や教育委員会の指導については、国旗国歌訴訟などで問題となった「思想・良心の自由」などの憲法上の争点は一切発生しません。

犯罪レベルのいじめは警察に連絡を

そしてもし犯罪レベルのいじめが起きているならば、それは学校の指導を超えていますから、ただちに警察に連絡すべきです。

憲法第23条の「学問の自由」の下に「学校の自治」を主張し、外部権力の介入に反対する見解もありますが、「学問の自由」とは、大学のような高等教育の場での研究と教育の自由を意味し、学習指導要領・検定教科書で決められた定説を教える小中高校に無条件で認められるものではありません。ましてや、いじめの多くは単純な粗暴犯ですから、「学問の自由」を持ち出す余地すらありません。

犯罪レベルのいじめが発生していても警察を呼ばないような学校には、安心して子供を預けることはできません。むしろ**国（文科省）は、「校内で刑法の犯罪要件に該当するいじめ行為を発見したら、ただちに警察に連絡せねばならない。それをしない校長は職務怠慢で懲戒免職の対象になる」という方針を、法令もしくは通達で、全教育委員会に徹底させるべき**です。

アメリカでは「担任の即時交代」は常識

私は子供をアメリカの公立小学校に通わせた経験がありますが、アメリカの学校では、加害者への厳しい措置によって校内の規律を維持することはすでに常識となっています。

また、アメリカのPTAは学校と対等の立場で、教師に対し意見を次々提出します。教師も決して威張ることなく、理由のあるものはどんどん取り入れます。**保護者が「担任がいじめ解決の指導力がない」と訴え、それが事実であれば、校長は即座に担任を交代させます。**非常にフレキシブル（柔軟）でユーザーオリエンテッド（顧客志向）なのです。

アメリカのPTAは、快適な学習環境を守るための「子供の利益代表」であり、日本のように「学校の下部機関」ではないのです。

日本の校長も運営に失敗したら免職に

アメリカでは、校長の権限が強い反面、校長に失点があれば簡単に免職、転任させられます。これはイギリス、オランダも同様で、校長は絶大な権限を持っていますが、逆に学校運営に失敗すれば、責任はすべて校長がとらなければならないことになっています。日本も、人事権を含めて、校長は事実上非常に強い権限を持っていますが、それにもかかわらず、運営に失敗しても免職、減給になることはまずありません。要するに、責任をとらないのに権限を与えられているという、非常にいびつな状態にあるのです。

現在でさえ、思いつきで無茶苦茶な指示を出し、学校運営を混乱させている校長はいくらでもいます。困るのは現場の教員と子供たちです。これでは独裁権力と同じです。

分権を進めるのであれば、校長には「失敗した場合は免職になる」など全責任を負わせなければいけません。

第二部 教室の闇を一掃するために

第4章 解決には、まず出席停止と懲戒処分を

犯罪レベルの行為が行われているいじめを解決するには、まずは、加害者側を被害者から引き離す出席停止と、いじめに加担・助長した教員への懲戒処分が最も有効な手段となるだろう。政府の教育再生会議(野依良治座長)においても、この2つの措置をいじめ解決の武器にしようと議論されている。出席停止等について、その重要性を確認したい。

加害者リーダーを抑えればいじめは消滅する

加害児童は出席停止にすべし

教育再生会議が06年11月29日にまとめた「いじめ問題への緊急提言」は、「いじめを解決するのがいい学校」との認識を示し、学校によるいじめ放置や隠ぺいに厳しく対処していく姿勢を打ち出している。この点では、高い問題意識が感じられる。

いじめがあった場合、学校でチームを作り、隠すことなく保護者らに報告。教育委員会の支援を受けつつ、家庭や地域と一体となって取り組むとしている。いじめた子供に対しては「指導・懲戒の基準を明確にし、毅然とした対応をとる」とし、具体的には「社会奉仕、個別指導、別室での教育」を行うとした。

07年1月末に発表された第1次報告では、さらに一歩踏み込み、「出席停止」にも言及。出席停止は学校教育法に基づく措置で、他の児童に心身の苦痛や財産上の損失を与えたり、授業を妨害したりした場合、市区町村教育委員会が命じることができる(注)。文部科学省はすでに01年、「いじめも出席停止の対象」とする通知を各教育委員会に出している。にもかかわらず、これまでほとんど活用されなかったのは、文科省内や一部教育学者の中に「加害児童生徒にも学ぶ権利がある」という極端な平等思想が依然として根強くあるためだ。

いじめをすれば、加害者に出席停止など何らかの措置が科せられることは、教育そのものであり、善悪を教える教育の基本であるはずだ。

出席停止は「タバコで停学」レベルで行使されるべき

犯罪レベルのいじめが起こっているのに、「いじめをなくしましょう」と単に呼びかけるだけでは何の解決にもならない。一般社会と同じように、一定の抑止力こそが必要だ。

いじめ問題は、加害者グループのリーダーを潰せば、消滅することが多い。加害者の出席停止は極めて有効な手段であり、「タバコで停学」というレベルで頻繁に行使されるべきだろう。注意勧告3回程度で、出席停止を発動するルールを作る。停止期間はまずは1日、2日ほどで十分だ。

前出の弁護士で作家の中嶋博行氏は、「いじめられた側が転校を余儀なくされるのは本末転倒。加害者を目に見える形で処分すれば、いじめグループは崩壊する」と指摘する(97ページのインタビュー参照)。

教育評論家の森口朗氏は、出席停止の効果をこう説明する。

「出席停止は、その子供の経歴に傷がつくのです。内申書や教科成績に記録しなければなりませんから。それが分かったら、親のほうが『いじめは絶対やめなさい』と止めに入るでしょう」(138ページのインタビュー参照)

"諸悪"の根源は教育委員会にある

本書で見てきたように、教師が自己保身でいじめを黙殺するという事実を、保護者が知らないために被害が拡大している。いじめを放置し、助長する「加担教員」が全国津々浦々にのうのうとのさばっているのだ。加担教員の追及と、加害児童の出席停止なくして、学校からいじめはなくならない。

しかし、肝心のその権限を持つ教育委員会は、学校のいじめもみ消し・隠ぺいに加わり、加担教員も加害児童生徒も特定・名指しすることができない。**すでに政府レベルのいじめ対策は形の上では終わっているのだが、教育委員会という"暗黒地帯"があるために、出席停止も加担教師処罰も、机上の空論と化している。**

学校は、「学校の自治」「学問の自由」の美名の下《もと》に、いじめ問題に立ち向かう安倍教育改革をせせら笑っているのではないだろうか。つまり、**犯罪レベルの悪質ないじめを全国的に放置している"諸悪"の根源は、教育委員会といえよう。**ここを改革しない限り、子供たちは永遠に救われない。

（注）　学校教育法（第26条）では出席停止の要件として、①他の児童に傷害や心身の苦痛、財産上の損失を与える行為、②職員に傷害や心身の苦痛を与える行為、③施設又は設備を破壊する行為、④授業その他の教育活動の実施を妨げる行為——を挙げている。

インタビュー

第4章

いじめは犯罪！常に、殺人や自殺に行き着く可能性がある

弁護士・作家
中嶋 博行(なかじま・ひろゆき)

1955年、茨城県生まれ。早稲田大学法学部卒。弁護士、作家。1995年、『検察捜査』で江戸川乱歩賞を受賞しデビュー。専門知識を生かした作風で、リーガルサスペンスの旗手として脚光をあびる。著書に『違法弁護』『司法戦争』『第一級殺人弁護』『罪と罰、だが償いはどこに？』など。犯罪被害支援活動にも積極的に取り組む。いじめ被害の実態と防止策を示した近著に『君を守りたい』がある。

人が死んで、ようやく大騒ぎする現状

私は10年ほど前から、犯罪被害に関心を持ち相談を受けています。その中で、多くのいじめ相談を受けてきたのですが、調査すればするほど想像を絶するひどい実態が分かってきました。

現代のいじめは、昔に比べて陰湿化し、残酷になり、手口が巧妙になっており、まさに「犯罪」です。持ち物を隠すことから始まることが多いのですが、やがてシカト（無視）、言葉の暴力、身体的な暴力、そして集団暴行、被害者の自殺へと深刻化していくのです。

いじめは常に、殺人や自殺まで行き着く可能性がある。**ずっと野放しにされていて、人が死んでようやく大騒ぎするというのが現状です。**いくつかいじめの実例を挙げてみましょう。

◆ばい菌いじめ

被害児童を、集団でばい菌扱いする。児童が教室に入ってくると、みんなが窓をあけて「バイキン、バイキン、空気が汚れる」とはやし立てる。

児童が触った物は、ばい菌で汚れたとされ、その物に触れた他の児童は、ばい菌に感染したとはやし立てられる。〝感染した〟児童は、他の児童にタッチして、ばい菌をさらに感染させ、汚れた状態から逃れる。被害児童が給食当番になってパンを配るときは、クラス全員がパンに手をつけずに残飯として捨てる。児童が水泳の授業でプールに入ると他の児童は「お前が入ると水が腐る」と言って、一斉にプールから出てしまう。

◆電気イスいじめ

被害児童に目かくしをしてイスに座らせ、「これが千ボルトだ!」などと叫びながら、両手首や左右の側頭部をボールペンでぐりぐりと突く。

サンドバッグリンチ

サンドバッグリンチは、被害児童にトレーナーパンツやトレーナーシャツを巻きつけて身動きできなくさせ、ボクシングの練習用サンドバッグに見立て全身を殴りつける。

汚物いじめ

被害生徒を学校のトイレに連れていき便器をなめさせ、トイレの水に給食のバナナをひたし、それを一口ずつ食べさせる。

被害生徒をトイレで土下座させたり、蹴る。さらに、女子トイレの洗面器に水を張り、そこに使用済みの生理用品を投げ込みかきまぜる。汚物が溶け赤茶けた水で被害生徒に無理やり顔を洗わせる。

暴行いじめ

事前に、被害生徒におもちゃのボクシンググローブを渡した上、集団で殴る蹴るなどする。グローブを渡しておくのは、いじめ行為の情報が漏れた場合に、「ただボクシングの練習をしていただけだ」と言い逃れをするため。暴行は、発覚しないよう、顔など露出して目立つ部分は狙わずに、腹部や背中など、服に隠れて目立たない部分のみを対象にする。

暴行の事実を知っていても助ける生徒がいないので、加害生徒らの暴行はエスカレートしていく。

◆性的いじめ

休み時間などに他の生徒が見ている前で、ズボンと下着を脱がせるなど性的ないじめを行う。

刑法で規定されている「犯罪」に相当する

こうしたいじめは、どのような犯罪に相当するのでしょうか。

被害者を「ばい菌」と罵倒《ばとう》するのは、名誉毀損《きそん》罪、侮辱《ぶじょく》罪です。罵倒によって精神的に深刻な傷を負わせれば傷害罪も成立するでしょう。最高刑は、名誉毀損罪が懲役3年、傷害罪なら懲役15年です。

電気イスいじめもサンドバッグリンチも、暴行いじめも、ともに傷害罪で最高刑は懲役15年。もし、暴行がもとで、被害者が死に至った場合は、殺すつもりがなくても、傷害致死罪が成立し、最高刑は懲役30年となります。

汚物をなめさせたり、食べさせたりするのは強要罪で、これだけで最高刑は懲役3年となります。その結果、お腹をこわしたり体調を崩せば傷害罪が成立して、最高刑は懲役15年となります。

このほかにも、本人が嫌がっているのに、むりやり物まねをさせたら強要罪。命令を聞かないと殴るのは、暴行罪で最高刑は懲役3年。金銭を取れば恐喝《きょうかつ》罪(最高で懲役10年)、金銭をナイフなどを突きつけるなど抵抗できなくした上でむりやり奪い取れば強盗罪(5年以上の有期懲役)が成立します。

「大したことない」と思いがちないじめ行為でも、立派な犯罪となります。

例えば、クラス全体で特定の人を「無視」することも、よくあるでしょう。暴力を伴わないので犯罪という認識は低いでしょうが、もし被害者がこれが原因でノイローゼになったり、精神的にトラウマを負ったら傷害罪になります。

イスに画鋲《がびょう》を置いてけがをさせたら、傷害罪。持ち物を隠すこともよくやられますが、隠した時点で窃盗罪《せっとう》。もし物を壊されれば、器物損壊罪(最高刑で懲役3年)です。

このように、**現代のいじめが、刑法で規定されている犯罪行為そのもの**であることがお分かりいただけると思います。

「少年は、少年法で守られているのでは」と、疑問に思う方もいるかもしれません。しかし現在では、刑法でも少年法でも、14歳以上なら、刑事処分できることになっています。たとえ、加害者の年齢が14歳未満であっても、犯罪被害の第一次通報先は警察ですから、通報してかまいません。その後、少年法に基づいて対応すればいいのです。

いじめが犯罪である以上、子供でも責任を問われることに変わりはありません。

それだけに教師は加害者に対し、ただちにいじめをやめるよう断固たる態度をとり、やめなければ即座に出席停止させるなどの処罰が必要です。**現行法下でも、小・中学**

校の教師は加害者側の児童生徒を出席停止にすることが可能なのですから、教師は厳正な措置をすべきです。

「教育問題」と見るか、「犯罪問題」と見るか

また、いじめを「教育問題」と見るか、「犯罪問題」と見るかで、解決の方向性も全く違ってきます。

教育問題と見る立場では、「被害者を守るために出席停止等の厳しい対応が検討されているが、これは冷たい『排除の論理』によるものであり、教育現場になじまない」「加害者の多くは、まだ成長過程にあるため、いじめの原因を探り、教育的、福祉的な対応を優先すべきである」といった意見が多く出されます。つまり「加害者側を教育によって立ち直らせる」ことに重点を置いた考え方です。

一見、すばらしく思えますが、この意見が支配的な学校現場では、**いじめが起こった後、最終的に学校を去ることを余儀なくされているのは、加害者ではなく被害者**に

なります。

加害者の教育に即効性は求められません。他人の心の痛みを理解できるようにするまでには、長い時間がかかります。その間に、**犯罪(いじめ)が放置され、ますますひどくなり、被害者が耐えかねて学校を去っているのが現状**なのです。これではいじめの被害者は、一向に救済されません。

こうした深刻な事態になっているにもかかわらず、〝人間教育〟を標榜《ひょうぼう》する人たちによって、学校からいじめっ子を排除できないことのほうが、よほど問題であると私は考えています。

「人権」を指摘するなら、被害者の人権を

学校側が、いじめの加害者を放置するのは、加害者の「人権」に配慮したつもりでいるからでしょう。

しかし、そもそも人権とは何なのでしょうか。人権の思想は、「横暴で専制的な国の

権力から、弱い立場の個々人の自由を守るため」に出てきたものです。フランス革命以前の横暴で専制的な国家では、国家に対して立場がいちばん弱かったのは、犯罪者(被疑者・被告人)です。彼らは、たとえば、手、足、耳、舌などを切り落とされたり、手足を馬にくくりつけられて引き裂かれたりというような、文字通り身の毛もよだつ刑を受けていました。

犯罪者は、あまりにも虐待されてきたため、法の支配が行き渡ると、逆に、彼らの「人権」が強調され、絶対視されるようになってきたのです。わが国では、その傾向が強く、戦後はずっと犯罪加害者の人権の保護が重視され、被害者の人権の救済が軽視されてきたのです。

これは、おかしな話です。人権とは、「国家から個人の権利を守る」ものであって、個人と個人、ましてや犯罪加害者と被害者の間に働いて、どちらか一方の権利を優先させるようなものではないのです。

個人の間は「平等」です。一方の人間が他方に優越するといったことはあってはなりません。ですから、他人の権利を侵したものは、当然、自分の権利にも不利益を受けます。

権利が制限されたり、賠償責任を課されたりするのです。他人の生命や財産を踏みにじった犯罪者が、人権を盾に自らの責任を免れることは許されません。

これは、学校の児童生徒同士の場合も、同じです。

ところが、現在の日本の学校は、「犯罪加害者の人権を保護する」という人権主義に守られています。それに加えて、「教育的な配慮」までされることで、二重に守られているのです。こうして、**いじめ加害者の「傲慢《ごうまん》な人権」を容認するような考え方がまかり通り、被害者の救済がなおざりにされる状況にある**のです。

加害者が出席停止などで排除されずに、被害者のほうが「学校を休みなさい」と言われたり、いたたまれなくなって学校を去らねばならなくなる――これは全く本末転倒です。なぜ、加害者がのさばり、被害者が泣き寝入りをしなくてはいけないのでしょうか。

私は、被害者救済を最優先にした、新しい人権の考え方を学校にも持ち込まねばならないと考えています。

「社会で許されないルールは、学校でも許されない」とする、「正義のルール」（ジャス

ティス・ルール）が教育の現場で貫かれ、加害者は厳正に処罰されなければならないのです。

加害者の中心人物をピンポイントで排除せよ

加害者の処分で肝心なのは、「人数は最少限に。内容は徹底的に」という一点集中（ピンポイント）の原則です。いじめの中心となる人物を、ピンポイントで排除するのです。

いじめの対応策として、よく「加害者のほかに、はやし立てる人、黙って見ている人がいるから、クラス全体の問題として考える必要がある」などという意見をもとにした対応を見受けますが、これでは解決になりません。

いじめは必ず最初に言い出す首謀者・ボスがいます。その**ボスをピンポイントで排除すれば、いじめの集団は空中分解**します。

いじめグループは、固い友情でつながっているわけではありません。周りを取り巻く児童生徒たちは、「いじめに加わらないと今度は自分がいじめられる」という恐怖心や、自分かわいさでボスに従っているだけです。だからこそ、ボスを厳しく処分すれば、取り巻き連中には強烈な見せしめとなり、「次は自分の番か」と恐れて次々といじめから手を引き始めるのです。

また「いじめのグループの中で、加害者と被害者がクルクル入れ替わるから、誰が加害者で誰が被害者か分からない」と言われることもありますが、常にいじめに立っている側の人間がいるはずです。その人間が誰なのかを見極めることです。分からなければ、子供たちから聞き出せばいい。子供たちの中では、誰が犯人かは明確です。特にいじめられている子にとっては「あいつがやらせてるんだ」と、はっきりと分かるものなのです。

「いじめの責任はクラス全体にあるのではなく、あくまでも実行犯の加害児童生徒にある」という観点から、ピンポイントで厳しく処分することが大切です。

「通報制度」作りが急務

ただ、学校現場では今、いじめ問題の対応は、教師の個人的力量や裁量に任されています。しかも、実際に個人で判断、対処できる教師は少ないでしょう。いじめに対して何も手を打たず、いじめが明らかになっても、「調べたが、なかった」「知らなかった」と言う教師、学校が多すぎます。

ですから、そうした言い訳をさせないような、「**通報制度**」作りが必要です。まず、「通報があったら内容を記録する」などのルールを設けておけば、いじめの証拠が残ります。これは、学校に抗議を申し入れ、対応へと動かす際にも有効です。

また、被害者を守る意味でも大切です。いじめを受けた被害者が誰かに相談すると、「ちくった」とか「つげ口した」など、まるで被害者のほうが密告者のようにさげすまれ、ますますいじめが悪化しがちですが、通報制度を作っておけば、そうしたことも防げます。

学校内に情報の受け口を作る

まず、学校でできることとしては、情報の受け口を作ることです。目安箱でも、Eメールでも、郵便でもよいでしょう。情報を受けるにはどんな方法でもいいのですが、受け口がきちんと管理されることが重要です。

担当を決めて、届いた情報が漏れないようにし、きちんと情報をストックしていけば、学校側は「調べたが、事実はなかった」「知らなかった」などとは言えません。**記録が残るのですから、対応しなければ、学校が責任を問われる**ことになります。

親同士が情報を共有し、通報する仕組みを作る

親同士がいじめの情報を共有する仕組み作りも、効果が大きいでしょう。私が提案したいのは、いじめの被害者でも加害者でもない、第三者からの情報を吸い上げるシステムです。

よく、「なぜ子供が発していたSOSに親は気づかなかったのか」と言われますが、被害者の親を責めるのは酷です。いじめられた子供は親に心配をかけないように、または自尊心を守るために、親に事実を隠そうとするものです。また、加害者は、親に嘘をついていることが多いものです。

しかし、いじめの当事者ではない第三者的な立場にある子供は、自分の親に、「自分の友達のA君が、B君にいじめられてる」と話しやすい。こうした情報が重要なのです。保護者会など、父母同士のネットワークが必要ですし、面と向かって言いにくければ、匿名で学校側の情報の受け口を利用してもよいでしょう。「誰が誰をいじめている」という情報が、すぐに通報されるような仕組みを作るべきです。

外部の専門家への通報ルートも知っておく

学校や親による通報制度には限界がありますから、外部の専門家への通報ルートも知っておくと役立ちます。

いじめが犯罪である以上、被害者は地域の警察に通報できます。さらに弁護士会の相談センターも、全国にたくさんあります。連絡があれば、専門の弁護士などが相談に乗ってくれ、学校を訪ねて解決を図ってくれるでしょう。

そのほかにも、地域の児童相談所の相談窓口やいじめ被害者のシェルターのようなところもあります。今は、インターネットですぐに調べられるので、連絡をしてみてください。

いじめをやめさせる「即効薬」が必要

いじめ問題には、以上のような根本的な考え方や制度など、大きなレベルでの改善をしつつも、やはり、現場での緊急事態にはすぐに手を打ち、苦しんでいる被害者を迅速に救い出す、ミクロレベルの素早い対応が必要です。被害者の救済を、最優先にして動かねばなりません。

加害者は「大したことはしていない」と言うものですが、被害者にとっては毎日が地獄であり、苦しみは悪化の一途をたどるのです。楽しいはずの教室が地獄なんてかわいそうすぎます。被害者は、即刻いじめをやめてほしいと願っているのです。**いじめは、野放しにされることで、どんどん拡大再生産する。**放っておいて自然になくなるわけがありません。ですから、小さい芽のうちに摘み取っておかなければならないのです。学校側は生徒500人の学校で499人が1人をいじめていたら、499人を排除してでも、その1人を守るという覚悟がないといけません。

今、**いじめ問題の解決に求められているのは、加害者の教育や、クラス全員による対処や、いじめの背景を解き明かすことではなく、いじめをやめさせる「即効薬」**です。被害者を一刻も早く「いじめ地獄」から助け出すことを最優先にすると腹を固めたら、やることは明らかです。

教師は、いじめは犯罪であるとして、加害者に断固たる態度をとる。それでもやめない場合は即刻処罰・排除して、正義のルールを貫く。教育の現場でそうした動きができるようにするために、教師の教育制度、教育行政のあり方も改善していかねばなりません。

第5章

教育出身者が多すぎて、学校側とかばい合い

教育委員会の根本改革を

いじめ被害の訴えに取り合わず、もみ消し・隠ぺいを繰り返す学校と教育委員の下《もと》では、出席停止や懲戒処分の措置は雲散霧消しかねない。

今こそ、教育委員会の根本改革による教育界浄化を、強力に押し進めるべき時ではないか。

教育委員会の教員出身者は3分の1以下に制限を

いじめ自殺の問題は、制度欠陥によるマクロの問題

全国各地で相次いでいるいじめ自殺。なぜいじめられた子は、自殺にまで追い詰められるのか。それは、日本の教育界に、いじめの救済制度がないからだ。

第3章でも指摘したように、校長は、外部批判を封じる絶大な権限を持ち、本来子供を守り、いじめを防ぐべき役割を持つ教育委員会は、逆に隠ぺいに走り、学校ぐるみの〝組織的犯罪〟を助長している。

このように教育界は、学校と教育委員会のなれあいの下、無法地帯化してきた。この談合・癒着体質を改革しない限り、どのような対策も教育現場で空文化され、意味

をなさなくなる。

これはもはや、被害者が単独で解決できるミクロレベルの問題とは言えない。制度自体に欠陥があるマクロの問題でもあり、教育制度そのものを改革しない限り、解決されない問題と考えるべきだろう。

「しがらみ共同体」がいじめ解決を妨害

現在、教育再生会議をはじめ、さまざまな場で教育委員会制度のあり方が論議されている。もちろんいろいろな見方はあるが、中でも核となるのは、「教育委員会と学校の談合・癒着の排除」の視点である。教育委員会と学校の間のなれあいの関係が、組織悪を生み出す最大の元凶となっているからだ。

教育アナリストの戸田忠雄氏は「『教育しがらみ共同体』の存在が、いじめ問題の解決を妨げている」と指摘する(153ページのインタビュー参照)。

同氏によれば、教育委員会の事務局、特に指導主事をはじめとする中心ポストは現職の教員が仕切り、教育長も元教員が占めている場合が圧倒的に多い。また、本来レイマン・コントロール(注)という、「素人による支配」を実現するために置かれている教育委員も、教員出身者が選ばれ、大きな影響力を行使しており、教育委員会は事実上、元教師によって牛耳られている。こうしたしがらみのため、教育委員会は、学習者(児童生徒や保護者)の側に立たず、学校や教師の論理に支配されているという。

つまり、学校と教育委員会は、教員の先輩・後輩という仲間うち。いじめに加担・助長する教員や隠ぺいを図ろうとする校長を追及するのは、初めから期待するほうが無理なのかもしれない。それができるという前提に立つ現在の教育委員会制度は、まさに〝猫に魚の見張りをさせる〟ようなものだろう。

戸田氏は、「どのような改革が政府で決定されても、政府と学校の間に位置する教育委員会は、それらの施策にフィルターをかけて、教師集団の利害に反することはやりたがらない。これが現在の教育委員会制度の最大の問題点」と解説する。

これは、国の方針を教育委員会がねじ曲げて学校現場に伝えているか、まったく無視している、ということだ。解決の兆しが見えてこないいじめ問題はその象徴だ。現に、教育再生会議のいじめ対策に対し、「現場を知らない理想論」との声が一部の教委関係者から上がっている。

こうした状態を放置したままでは、政府がいかなる改革を打ち出したところで、実を結ぶことはない。

となれば、教育委員や教育委員会ポストへの、教員出身者の起用を制限するしかないだろう。

教育委員会制度と学校現場の関係

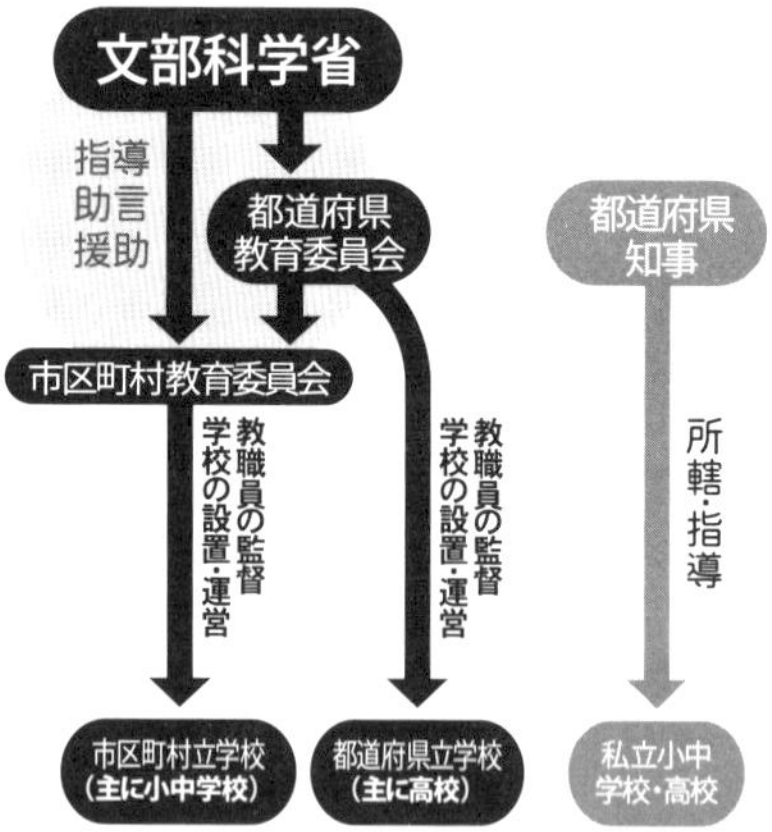

教育委員会の構成

その大半は現職の教員または教員出身者である。

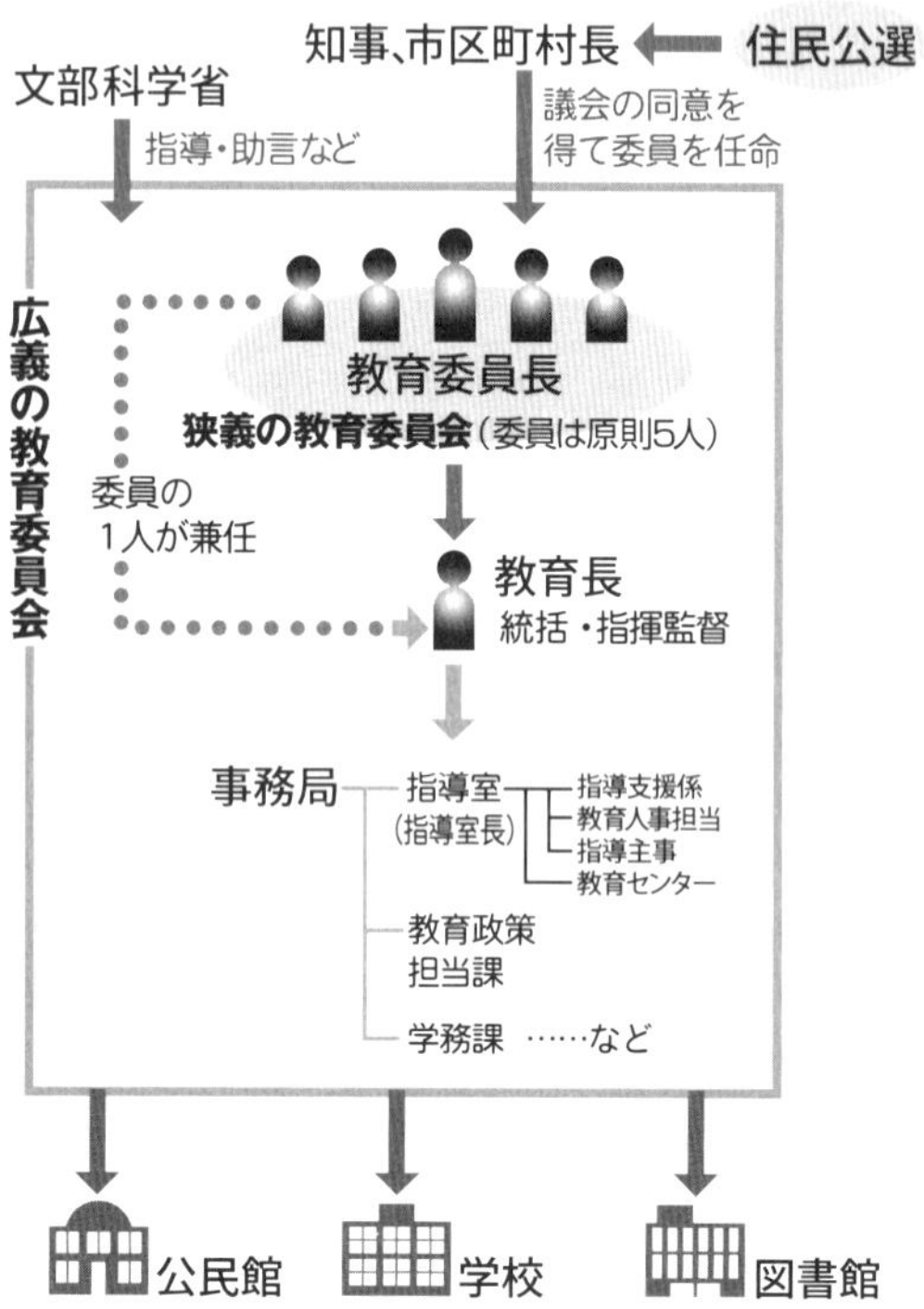

（事務局の組織構成は、各教育委員会によって違う）

中心ポストからは教員出身者を排除

そこで本書は、いじめ問題を根本解決する改革として、教育委員会を〝解体〟し、事務局ポストの教員出身者を3分の1以下に制限、民間人中心に大幅にシフトすることを提言する。

特に、指導室（指導課）などをはじめ学校現場を指導・監督する中心ポストには、教員出身者や教員にコネクションのある人物を原則配置せず、最大でも3分の1とする。指導室などの部門は、校長職経験者など教員出身者がいるべきところではない。学校でのもみ消し・隠ぺいに長《た》けた教員の出世の場にされてはかなわないのだ。

代わりに、そこには外部の民間人を登用する。子供の人権を守るために法曹・警察・マスコミ関係者や、善悪の価値観に基づき公正な判断ができるために宗教関係者が適当だ。

いじめが悪質化・凶悪化し、学校が犯罪現場に限りなく近づいている以上、警察権に近い役割を教育委員会に持たせ、オンブズマン的に学校によるいじめもみ消し・隠ぺいを暴いていくしかないだろう。

これを全ての教育委員会に義務づけることによって初めて、いじめ被害者を救済する制度を打ち立てることができる。

ちなみに、こうした制限は、憲法が規定している職業選択の自由には、何ら反しない。談合・癒着を防ぐための同様の措置は、国家公務員の天下り制限や人事院の人事官の出身大学・学部制限などですでに実施されている。

近年のいじめの実態を詳しく知った世間の人々は、一様にその悲惨さに絶句する。それが、人として当然の感性と言えよう。ところが長く教員を務めた人物には、その当然の感覚が麻痺し、「弱い子は死んでください」とでも言わんばかりの対応をとる例がある。犯罪レベルの悪質ないじめがあっても犯人の特定も謝罪もなされず、被害の回復もなされない。世の中には弱者救済の制度があるのに、学校には存在せず、結果的に、人権が保障されない。

今必要なことは、教育関係者の間だけで行われるなれあいの評価ではなく、外部の目を入れた厳しいチェックである。外部の目を導入し、学校が真に「聖域」の名に値する真実・正義を実践しているか否か、白日の下《もと》にさらすことは、教育界の闇を浄化する第一歩となるだろう。

安倍政権は教育委員会に大ナタを

現在の教育委員会制度は、明らかに「経営」に失敗している。莫大な税金をつぎ込みながら、いじめはもちろん、不登校、非行、少年犯罪などを大量に生み出し、解決の手だてが十分打たれていないことがその証明だ。この「生産性」の低さは、まさに壮大な税金のムダ遣い。教育関係者の失業対策でしかないのかもしれない。

民間企業でサービスの質が落ち、クレームが増えていけば、やがてリストラや倒産がやってくる。これは自治体の首長や国会議員らが選挙に敗れることがあるのと同じだ。だから、クレームには必死になって対応するわけだが、極めて身分上の安定性が高い教育界にはこうした自浄作用が働かない。公立学校に教育の「品質管理」という考え方がないために、民間企業であれば当然のことが行われていないのだ。こうした崩壊寸前の社会主義体制のような公立学校と教育委員会を再建するには、「経営陣」である教育委員会の主要ポストの総入れ替えが避けられない。

多くの学校と教育委員会が「マフィア化」し、組織悪がはびこっている**教育界を浄化していくために、教育委員会の人減らしをし、外部の目を入れる**——。それが、「正義が支配する学校」を実現する最も有効な手段である。

安倍政権の教育再生会議に、教育委員会制度への大ナタを期待したい。

(注)大事なことの判断は専門家任せにせず、素人の参画を求め、判断のゆがみを防止すること。

第6章

文部科学省「いじめゼロ」指導方法の誤り

いじめを解決した教員・教育委員会を評価せよ

06年成立した改正教育基本法の中で定められた、教育振興基本計画には、「いじめを5年で半減」させる到達目標を盛り込むことが予想されているが、これこそ机上の空論にすぎない。半減が目標として出された以上、「いじめゼロ」を目指さざるを得なくなった学校では、数値目標に合わせ、ますます隠ぺいが進むことは必至であるからだ。いじめを見つけて解決することこそが、求められているのだ。

いじめを正直に報告し加害者の処罰と加担教師摘発の奨励を

急浮上した「いじめ5年で半減計画」

いじめ隠ぺいをなくすために、もう一つ重要なポイントがある。それは、**「いじめゼロ」という指導方法は誤りである**ことを認識することだ。

06年11月29日に政府の教育再生会議が発表した「いじめ問題への緊急提言」では、「いじめが発生するのは悪い学校ではない。いじめを解決するのがいい学校」との認識を示した。いじめのない学校など存在しない以上、この問題意識は適切と言えよう。

ところが、12月15日に成立した改正教育基本法には、第17条において、政府は「教育振興基本計画」を定めるとの規定があり、同条2項では、「地方自治体は政府の計画をふまえ、それぞれの基本的な計画をつくるよう努める」ことが求められている。そして、その計画の具体的な内容としては、過去に中教審が答申した「いじめを5年で半減」などの到達目標が盛り込まれることが予想されている(注1)。

中央からの数字統制が腐敗を進める

しかし、この「いじめ5年で半減計画」は、役人や学者らによる机上の空論にすぎない。文部科学省の調べでは、05年度の公立小中高・特殊教育学校でのいじめ発生件数は2万1143件。95年の6万96件をピークに減少傾向にあり、ここ数年はほぼ2万件台で推移しているとされている。しかし、この数字は、学校(教師)が「いじめ」と認識し、教育委員会に報告し、教育委員会が実際に文科省に報告したもののみだ。教師がいじめと認めないものは含まれず、この数字が実態からかけ離れていることは、教育関係者の間では〝常識〟になっている。

現在、全国平均でいじめの報告件数は1校あたり1件未満。いじめが発生した学校数も全体で約2割。「教育振興基本計画」に基づいて、「半減」が目標とされれば、大半の学校は「いじめゼロ」を目指さざるを得なくなる。

すでにいじめは隠ぺいされて、実態の50分の1から100分の1になっていると言われる。こうした状況下で数値目標を事実上ゼロに定めて導入すれば、さらに隠ぺいが進み、目標数字に合わせた報告になることは目に見えている。

文部省(当時)は、96年に「いじめの多寡以上に、いじめにいかに迅速かつ適切に対応し、いじめの悪化を防止し、早期に真の解決を図るかが大切である」との通知を出しており、伊吹文明文科相は、参議院教育基本法特別委員会において、その通知を徹底していきたいと述べてはいる。しかし、文科省自らが主導している「数値統制」が腐敗を進めていることに気づくべきだろう。

第6章

「いじめゼロ」指導方針の間違い

そもそも、「いじめがあったら校長の面子《メンツ》が潰れる」「学校ぐるみのいじめの隠ぺいがあれば、教育委員会に監督責任が生じる」という指導方針が間違っている。

東京都内のある公立中学校長は、「親に対し、いじめがあったとはなるべく認めたくない。教育委員会にもできれば報告したくない」と本音を語る。東京都教委や都内市区町村教委は95年、都の管理職に適用された人事考課制度をそのまま教育管理職（校長・教頭）にまで広げ、評価によって給与に差をつける制度を初めて導入。現在では一部を除く大半の道府県教委が同様の制度を採用している。

この校長によれば、「いじめの件数を多く報告すれば、『学校経営能力』にバツがつき、相対評価が下がる」ため、報告を嫌がる校長・教頭も多いという（注2）。

現実に、横浜市の元中学校教諭の坂本恵子氏は、「学校の隠ぺい体質がいじめ問題を助長している」と指摘する。同氏によれば、校長・教頭が正直に報告すれば監督不行き届きで10％程度の減給処分が下り、退職金が数百万円近く減らされることもあるため、問題を告発した教師には、「生徒は3年すれば出ていく、その間隠せば君の経歴にも傷がつかない」と説きふせ、保護者にも「いじめた子の将来のために黙っていてくださいますね」と言って全部もみ消すという(注3)。

この「事なかれ体質」は、教育委員会も変わらない。教師や学校が自らの過失を認め謝罪すれば、自分たち教委の体面が汚されると考え、自分たちの評価が落ちないように、「臭いものには蓋《ふた》」をする。それは自殺事件当日にいじめを把握していながら、いじめを認めるまで1年以上を要した北海道教委の対応を見ても明らかだ。

先にも述べたように、**いじめのない学校は存在しない。いじめを見つけて解決することこそ、教師と校長の仕事なのだ。**

例えば「交通事故があったら警官の給料を減給する」としたら、どうなるか。警官は現場検証をせずに、事故車を片付けに入るだろう。

結局、摘発すべき人に、監督責任をのせてしまったために、いじめは学校ぐるみで隠ぺいされるようになってしまったのである。

いじめ加害者に措置・処罰をしなかったらダメ教員に

本書ではすでに第4章において、犯罪レベルのいじめを解決するには、加害者側を被害者から引き離す出席停止処分と、いじめに加担・助長した教員への懲戒処分が最も有効な手段となることを提言した。

いじめ解決を教育政策として実行するなら、いじめを正直に報告し、加害者の処罰と加担教師の摘発を奨励する方針を出さなければ意味がない。

この提言をさらに実効あらしめるべく、本書はさらに「教員・教育委員会の評価の改善（新設）」を提言する。

具体的には、**「いじめを認めればダメ教員」とされる現状の勤務評定・人事考課を改め、逆に「いじめの訴えがあったにもかかわらず加害者に措置・処罰をしなかったらダメ教員」とする。**

教育委員会に対しても同様に、新たに評価制度を設け、「加担教員を懲戒するのはダメ教委」とされる現状を改め、「いじめ加担の訴えがあったのに加担教員に措置・処罰

をしなかった教委を「ダメ教委」とし、「いじめ隠ぺいを数多く摘発したり、加担教員の処罰数が多い教委を優良教委」として奨励するべきなのだ（次ページ図参照）。

公務員制度で手厚く身分保障がなされている公立校においては、教育の「品質管理」という概念がないために、私立校や民間企業では当然見られる自浄作用が働いていない。第5章で述べたように、「教育委員会の教員出身者を3分の1以下に制限」し、教育界に民間人の常識を導入する。同時に、国を挙げて「いじめ加害者への、出席停止を含む措置・処罰」「いじめ加担教員への措置・処罰」の方針を宣言し、評価を徹底的に変え、実際に実行する教員・教育委員会を奨励する。

いじめ隠ぺいを撲滅し、教育に正義を取り戻すには、こうした抜本的な改革が不可欠である。

（注1）この「教育振興基本計画」は、2000年末の最終報告で教育基本法の見直しを提言した「教育改革国民会議」以降、急浮上したもの。01年以降、中教審で論議され、03年の最終答申では、計画期間は「5年が適当」とされた。

（注2）06年11月15日付毎日新聞より
（注3）「諸君！」07年1月号より

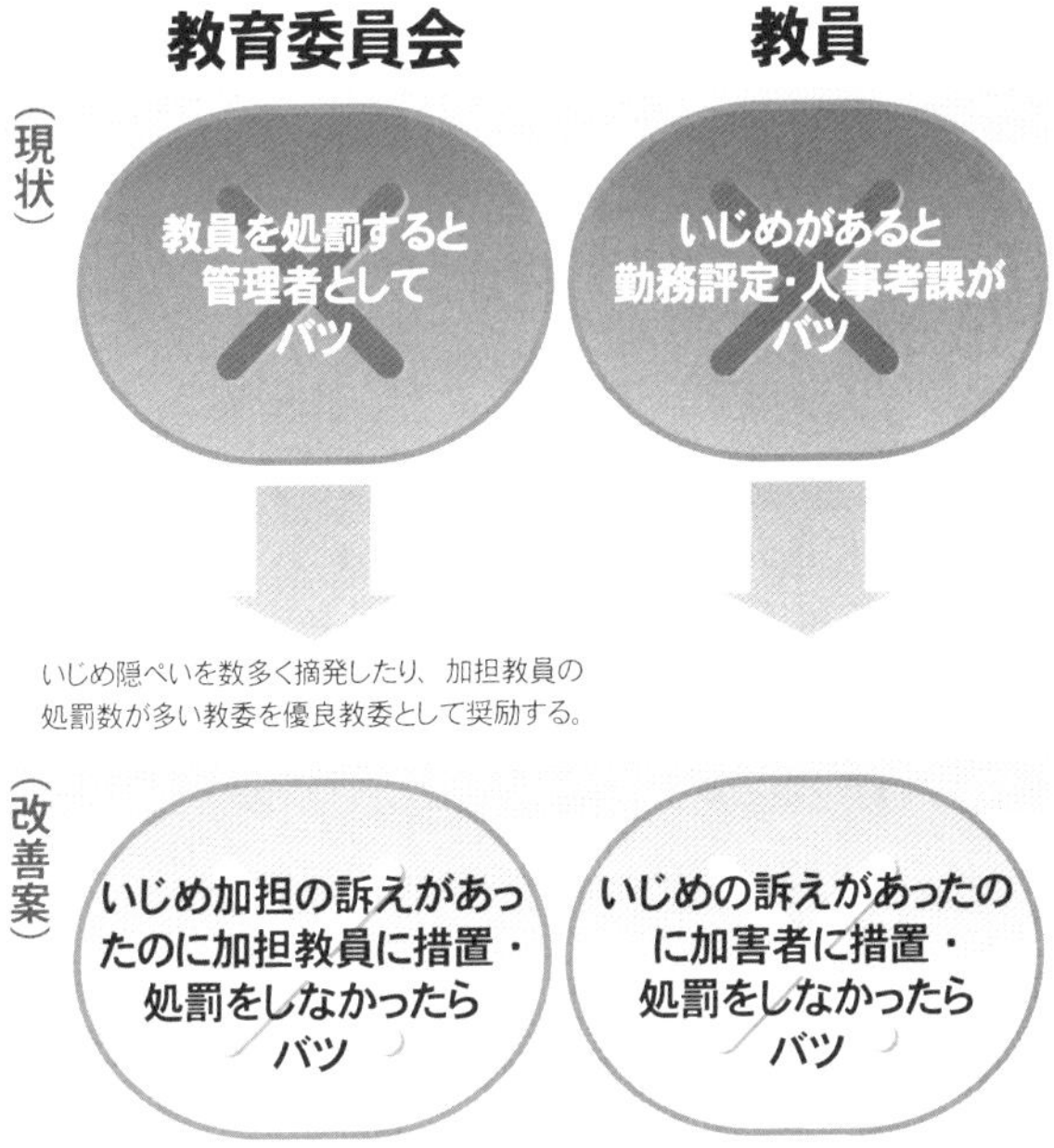
教育委員会
教員
（現状）
教員を処罰すると管理者としてバツ
いじめがあると勤務評定・人事考課がバツ
いじめ隠ぺいを数多く摘発したり、加担教員の処罰数が多い教委を優良教委として奨励する。
（改善案）
いじめ加担の訴えがあったのに加担教員に措置・処罰をしなかったらバツ
いじめの訴えがあったのに加害者に措置・処罰をしなかったらバツ

コラム1

都道府県によってはいじめ発生件数に30倍の差も

本文中にもあるように、いじめの報告件数は教師が発見したものに限られ、いじめかどうかの判断は教師の一存に任されている。そのため、発生件数は各都道府県によって偏りが著しい。児童生徒1000人当たりで最も多い愛知県と、最も少ない福島県では約30倍もの開きがある。学校別で見ると、愛知県の小学校8

いじめ報告の多い県、少ない県

（いずれも公立小中高・特殊教育学校の件数。2005年度）

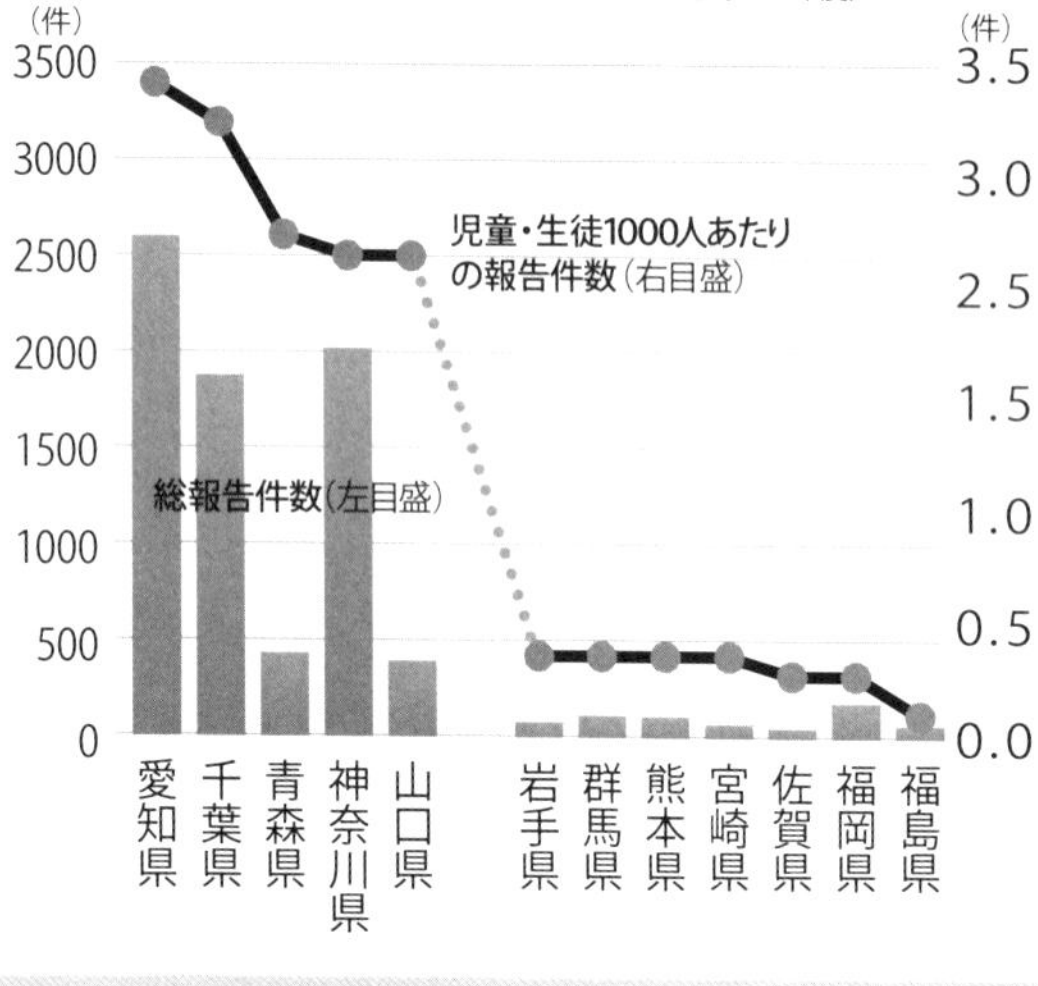

57件、中学校1、589件(ともに全国で最多)に対し、福島県はそれぞれ7件、2件(中学校は全国で最少)。発生件数のみの比較であれば、小学校で約122倍、中学校では実に約790倍もの差となる。

愛知県教委は、この数字の理由として、「94年の大河内君事件を一つの反省材料として、子供が『いじめられた』と感じたら、まずいじめがあったのであろうと受け止め、早期発見・早期対応で臨んでいる。いじめを見つけることができないまま放置して、悲惨な結果を招くことのほうが、教員としての指導力、資質が問われると考えている」と説明する。

一方、福島県教委は、「いじめをゼロ、根絶することが最終的な目標」と話す。しかし06年、一連のいじめ自殺事件を受けて同県教委が独自に「子供がいじめと感じているもの」を「いじめ」と定義して再調査をしたところ、実に小学校で169件、中学校で304件、計473件もいじめが報告された。

同じく発生件数の低かった群馬県でも、独自に調査を実施したところ、06年4月から10月の公立小中学校での発生件数は2、720件に上り、文科省の定義に従った05年度調査の48件を大幅に上回った。

コラム2

「いじめ根絶」指導のもたらす悲劇

「いじめ根絶」という行政目標を掲げる福岡県は、文科省の調査でいじめ発生件数は全国で2番目に低いとされている。

しかし、同県北九州市では、第3章に掲げた事件(73ページ参照)以外にも、学校の「いじめ隠し」が発覚し、06年11月、校長が自殺するという事件が起きた。

市内小学校で小5女児が同級生らに十数万円をたかられ、女児は一時自殺を考えるまで追い込まれた。校長はこのたかりをいじめと認識しながら、市教委には「児童間の金銭トラブル」と報告、市教委も情報を共有していた。学校は関係児童から聞き取り調査を行ったが、いじめが始まった時期や回数、被害額などは十分に調べず、女児と加害児童に握手させ、〝和解〟を促していたという。

ところがこの事件が新聞で大々的に報道されると、市教委の態度は一変して校長を批判。校長は孤立無援の記者会見を行うことになり、翌日、首を吊って自ら命を絶った。

また、06年10月にいじめ自殺事件の起きた福岡県筑前町の中学校では、過去数年で7、8件のいじめが起きていたが、校長は町教委に「0件」と報告していたことが判明している。

これらの事例は、「いじめ根絶（ゼロ）」指導が教育現場にもたらす歪《ゆが》みを物語っていると言えよう。

インタビュー

加害者に〝優しい〟学校には「いじめ半減」目標は逆効果

教育評論家
森口 朗（もりぐち・あきら）

1960年大阪府生まれ。中央大学法学部卒業。東京都庁に入り、下水道局、衛生局勤務。95年、都内の小学校に転出。養護学校、都立高校を経て、現在は東京都庁に勤務。著書に『偏差値は子どもを救う』『授業の復権』『戦後教育で失われたもの』など。

経歴に残る出席停止で「一罰百戒」を

世の中で犯罪を起こせばたいてい捕まりますが、現在起きているいじめ問題を見ていると、学校では恐喝《きょうかつ》や暴行・傷害を起こしても何も罰せられず、その後普通に社会に出て生きていけるような状況があります。言ってみれば、小中学生が、「青春の1ページ」として傷害や恐喝をやっているわけです。

だから、いじめ問題は「一罰百戒《いちばつひゃっかい》」が必要です。学校を一般社会と同じレベルの扱いにすればいいだけのことです。やっていいことと悪いことのけじめをつけさせ、一般社会のルールを教えるのが教育というものでしょう。

例えば、**暴力的ないじめがあったら、10件のうち特にひどい1件を出席停止にして、そのまた10分の1を刑事告発すればいい**。そうすれば、少なくとも頭のよい子供はあっという間に手を引くでしょう。出席日数は、必ず通知表に載ります。

最近は少なくなりましたが、以前、中学受験のために、小学校に行かずに塾にばかり行っている子がいました。しかし、中学校側もそんな生徒は欲しくないですから、小学校の出席日数があまりに少ない子を落としたことがありました。こうしたことを中学校がやり出した途端に、優等生はみんな学校に出席するようになったのです。

このように、ものすごく効きます。出席停止によって経歴に傷を負いたくないし、少年鑑別所にも行きたくないでしょうから。特に優等生には効きます。親は間違いなく、「絶対いじめはやめなさい」と止めに入るでしょう。

今は、昔の児童文学に出てくるような、「勉強ができなくて腕っぷしの強い子が、勉強のできる子をいじめる」という古典的なものはあまりなく、**何でもできるような優秀な子が、グループを作って一人の子を標的にし、知能犯的に、相手の子が逃げ場がなくなるようないじめをする**のです。

だから、自殺をする子の追い詰められる気持ちはよく分かります。こうした状況を考えると、出席停止という措置をとることはとても大切なのです。

もう一方の意見として、「出席停止と単純に言ってしまうのは、愛情がない」という意見もあるようです。しかしそれは、出席停止を完全に教育から切り捨てるものだと思っているからでしょう。

出席停止は何のためにやるのか。現行法によれば、その子のためにやることではありません。周りの子たちの教育における権利を彼が侵害してるから、出席停止なのです。**出席停止は、周りの子供たちの教育を受ける権利を守るために、断固としてやるべきなのです。**

確かに、その出席停止反対派の言う根拠の一つである、「出席停止される子にも教育を受ける権利がある」ということは事実です。だから、制度上は出席停止にして、先生が自宅訪問するなりして、「お母さんと一緒に、先生のところに一度来なさい。そして、今日はどんな勉強を家庭でやったか報告しなさい」などと個別指導してあげればいいわけです。

「いじめは人間として品性下劣」という社会的風潮を作るべき

また、いじめる側の人間が品性下劣であり軽蔑されるべきだ」という風潮を作ることも重要だと思います。

いじめは誰だってやりかねない可能性があります。だからといって、良心の呵責《かしゃく》もなく平気でいじめを行うことは本能をむき出しにすることと同じです。

本能にはさまざまな面があるでしょうが、欲望などのように、むき出しでは醜いものがたくさんあります。例えば、性欲は本能として誰でも持っていますが、それを顕《あら》わにするのは品性下劣じゃないですか。本能があるということと、本能があるのだからしょうがないといって、それをむき出しにしていいかという問題は、全然違うのです。いじめも、この本能の醜い面の一つでしょう。本能、欲望肯定だけの教育だったら、やっぱりいけないわけです。

いじめは醜い。そして、本能をむき出しにして相手を傷つけるような行動をした子は罰せられる。この二つを教えれば、賢い子はいじめをしなくなります。こうして、いじめる人間が軽蔑される空気を作っていくことが大切です。

以前、私が『偏差値は子どもを救う』という本を出した時は、まだ「ゆとり教育」真っ盛りで、「子供をそんなにビシビシ勉強させてはかわいそうじゃないか」という世論が圧倒的でした。それが今や「子供の学力低下をいったいどうするんだ」という意見が国民の多数派になってきました。

ですから、**このいじめ問題に関しても、私たち大人が、きっちりと声を上げていけば、世の中の声は必ず、「厳しく対処すべきだ」と変わります。**

「5年でいじめ半減」という目標で本当にいじめは減るのか？

また、06年12月に改正された教育基本法に新しく加えられた「教育振興基本計画」（第17条）の中には、以前、中央教育審議会が答申した、5年でいじめの件数を半減にする計画も盛り込まれることが予想されています。

しかし、それをやると、結局今までと一緒で、子供たちのいじめや、学校によるいじめ隠しは減らないと思います。いじめている人間に〝優しい〟学校では、表に出るいじめが減るだけですから。なぜかというと、**今のいじめというのは、「学校が申告した**

いじめの数」ですから、教師がカウントしなければいじめにはならないからです。

それよりも、「出席停止」や「懲戒処分」といった断固たる処置をとることを明確に打ち出したほうが、現実には効果が大きいと思います。どうせやるのであれば、もっとはっきりと成果が客観的につかめることをやらなければダメです。

例えば、ネットを使って、「自分がいじめられたと思ったら、誰でもいいですから、ネットに書き込んでください」と呼びかけてフリーアクセスにしたらいい。「いじめられた」と思った子は必ず書き込みますよ。ものすごく膨大な量になるのではないでしょうか。その「アクセス件数半減計画」とでもしたらよいのです。これは本気で取り組まないと半減にならない。

さらに言うなら、「私はいじめられました」という申告件数と、「この子を出席停止にしました」という指導件数とを比較して、国レベルで「お前のところの指導が甘いんじゃないか」と指導するわけです。「北海道は、いじめられたという申告が1万件あるぞ。だけど出席停止1件、報告の上がってるいじめは10件しかないね。千分の一だね」「東京は、いじめられたという申告が3千件。指導件数は3百件で十分の一だね」とチェックするのです。こうすると、東京のほうがぴっしりやっているというのが明確に分かります。

教育行政の毅然たる態度が教育現場を変える

現状では、教育委員会は学校に、「教師は子供を厳しく指導しろ」と言いながら、自分たちは出席停止に関してはやるとも何とも言わない。だから結局、学校現場も子供を厳しく指導しない。**教師は楽をして、校長、教頭は自己保身。そして、加害児童は自分のいじめが隠ぺいされ、被害児童は泣き寝入り。被害児童以外は、いじめを隠ぺいすることで、みんな利害が一致している**んです。

それに、担任教諭にとっても、校長にとっても、「この子を出席停止にしよう」と判断するのは、ものすごく勇気の要ることです。

なぜなら、今の教育現場には、一般論としてなら「いじめをしてはいけません」と言えても、個別の問題になると、何となく「弱者に立っていたほうが正義なのではないか」

とか、何となく「悪い子に対しても、『この子にもいいところがあってね』と、かばうことが正しい教師ではないか」とか、いじめた子を厳罰に処すことはいけないのでは、という〝モヤッとした左翼的空気〟が残っているからです。

ベテランの教師であれば、「誰が首謀者であるか」というところまでは分かります。証拠をつかめと言えば証拠もつかめるかもしれない。証言を引き出せるかもしれない。けれども、その子を出席停止にするということが、40人のクラスであれば、ほかの39人にとってはもちろんのこと、もしかしたら、いじめの首謀者であるその子にとってさえいい教育であるのだという確信を、今の学校の空気では持てないのです。

それは校長も一緒です。自分の学校の中から出席停止者を出したということが、「ビシッと指導した」と評価されるのではなく、マイナスに取られる空気があるのです。だから勇気が要るのです。

教育行政がひと言、「出席停止を堂々とやった校長をいい校長と判断する」と言えば、学校現場はころっと変わりますよ。「うちの学校は、いじめをきっちりと見つけて芽を摘んだんです。芽を摘んだうちの学校が悪いわけがない」と。こうならなければいけない。

「学校自治」のすり替え

教育現場にこうした左翼的空気を根づかせてしまった元凶の一つは、改正前の教育基本法第10条にあったと言えます。その中にある「不当な支配」という表現が一人歩きして、**学校の自治の名の下《もと》に、政府や警察などの外部からの権力を教育現場に入れてはいけない雰囲気が出来上がった**わけです。

例えば、児童養護施設で、ある子がある子をずっと恐喝していたとします。それを指導員が見て見ぬふりをしたら。虐待だといってすぐに警察が入ります。でも、学校で同じようなことがあった場合、警察は何か入りづらい空気があるのです。あれはみんな侵されているんですよ、「学校は治外法権」というウソに。あたかも治外法権であるかのごとく、戦後作られた空気に侵されてしまっている。それだけ左翼系の教師が中心になって「学校に権力を介入させない」とやってきたからです。その空気にみんながまだ侵されているのです。

改正教育基本法では、改正前の10条の文言を変え、「法律の定めるところにより行われるべき」という趣旨の表現(第16条)になったので(注)、犯罪に当たる、行きすぎたいじめについては、法律をしっかり適用すればいいことになります。つまり、**犯罪行為があるならば、刑事訴訟法に基づいて告発すればよく、**告発した後に、13歳か14歳か15歳か、年齢に応じて対応を変えればいいのです。

ひどい親になると、自分が加害者側であることを横に置き、「被害者である。教育権を侵された」と言って訴訟する人もいるでしょう。

そういう意味では、まさしく教育行政にいる人たちが、責任を負ってあげなければならない。それを受けて立たなければならない。そうした現場の中で、教師たちに勇気を出してもらうには、教育行政側も「俺たちも一緒だからな」と言って、考えがぶれないことが、絶対に大切なのです。

公務員としての義務を果たしていなければ校長、教師も懲戒処分

また、犯罪レベルのいじめに見て見ぬふりをしている教師や校長については、懲戒処分にしてもいいのです。そもそも**公務員には、「犯罪を見つけたら告発しなければならない」という刑事訴訟法上の義務**があります。「しなければならない」という義務です。教員以前の公務員としての義務を今は果たしていないんです。

その意味で、自民党が教育基本法を変えたことによって、教育行政なり、教育施策の責任を持っている人間が、「学校が悪いのは教育基本法のせいだ」という言い逃れができなくなります。あるいは、現場の左翼系教師が、自分の気に入らない命令が下りてきた時に、「これは教育基本法の趣旨に反している」という言い訳ができなくなる。右にも左にも言い訳ができなくなり、まさしく「目の前の子供が悪かったのは自分たちのせいだ」ということがはっきりする。10条を変えた意義は大きいと思います。

繰り返しになりますが、10条が変わって、「学校は法律に基づいて運営されなければ

ならない」とはっきり言っているわけですから、「校長さん、あなたたちは、法律に基づいて、出席停止の措置を講ずることができるんですよ」、あるいは、殴っている現場を見たら、「公務員として、あなたは刑事告発しなければいけないんですよ」と、義務を果たすことを徹底させるべきです。

この義務をしっかりと教育現場に浸透させるには、学校以外の、訴えを聞くチャンネル、第三者機関を作るのもよいと思います。たとえば、ダイレクトに弁護士さんに泣きつけるようなチャンネルを作っておいて、その子から直接事情を聞き、「これは確かに犯罪だね」と分かれば、「君が毎日殴られてることを、先生は知ってるの？」とさらに聞いて、「先生は見てました」となったら、事実を押さえ、懲戒処分とするのです。

これから、日本もアメリカのように弁護士が増えていけば、市区町村の教育委員会レベルでも、「駆け込み寺としての民間弁護士」のような方の活躍があっていいと思います。それについては、教育委員会直営にする必要は全くない、というのが私の考えです。

親が子供を守るには

また、今のすさんだ教育現場を見ていると、親がどうやって子供を守るか、ということを考えておくことも大事でしょう。

まず、子供がいじめられないようにするために、**年齢やクラスの中での力、能力、人間力に応じて反撃する方法を教えておく**ことや、先生に告げ口することは恥ずかしいことではないということも、きちんと言い聞かせておくことです。ただ、残念なことではありますが、全部が全部、先生が信頼できるか分からない、というリアルなところもきっちり教えておかないといけないかもしれません。

さらに、**いじめを増殖させないために、自分の子供がいじめに加わることを防ぐ対策も必要**です。自分の子供が首謀者としてやりかねないと思った時には、「お前は一時的かもしれないけど、向こうは一生覚えているぞ」「もし相手が上司とか取引先になったらどうなるか。一生恨まれる覚悟が要る」と、長い目で人生を考える視点を与えてあげることです。

（注）

○**改正前教育基本法第10条1項**……教育は、不当な支配に服することなく、国民全体に対し直接に責任を負って行われるべきものである。

○**改正教育基本法第16条1項**……教育は、不当な支配に服することなく、この法律及び他の法律の定めるところにより行われるべきものであり、教育行政は、国と地方公共団体との適切な役割分担及び相互の協力の下、公正かつ適正に行われなければならない。

インタビュー

第6章

学校の常識は、世間の非常識「教育しがらみ共同体」解体に向けた改革を

教育アナリスト
戸田 忠雄（とだ・ただお）

1937年兵庫県生まれ。東北大学教育学部卒業。長野県の私立、公立高校教員、公立高校校長、予備校校長などを経て、教育アナリストに。現在、NPO法人ＸＹサタデースクール代表。平成17・18年度と規制改革・民間開放推進会議専門委員歴任。著書に『「ダメな教師」の見分け方』など多数。

教育委員会には
いじめを救済する意欲も能力もない

06年10月、福岡県筑前町で、教師の言動も原因として起きたとされる中学2年生のいじめ自殺事件の直後、現地に赴いた文科省の役人に対し、生徒の父親が「自分たちに、教師や学校を選べるようにしてください」と訴えました。そうしたら文科省の役人は、「ぜひそれは検討してみる」「課題として受け止めたい」などと答えました。

しかし、すでに、就学校が指定された後でも、変更の申立をすれば変更でき、学校を自由に選べる制度は事実上整っており、いじめを理由とする転校も認められるよう、制度は改正されています。教育委員会が、それを周知徹底・実行していないだけなのです。

つまり、「教育委員会は、『いじめで苦しんでいる児童生徒を救済するために、現在整備されている法制度を最大限活用しよう』という意欲も能力もない」ということが、この問題でもはっきりと浮き彫りになりました。

「教育しがらみ共同体」が教育界を支配している

政府から「いじめ加担教員への懲戒」という方針が出ているにもかかわらず、教員に対する処分が甘いのは、教育界はムラ社会的で、仲間同士で談合・癒着しているからです。これを私は「教育しがらみ共同体」と呼んでいます。

それは教育委員会などの構成を見ればよく分かります。教育委員会の事務局には、教員出身者が指導主事として入っていたり、元校長などが教育長になっているケースが非常に多い。

このように、みんな仲間同士、教員の先輩・後輩の間柄ですから、教育委員会はどのような改革が政府で決定されても、学校や教師たちに都合の悪いことはやりたがらないのです。**教育界は、この「教育しがらみ共同体」が支配しているために、教員集団の利害に反する施策には猛反対します。**その好例が、「教員評価」「学校選択制」「バウチャー制」の3点セットです。

同じしがらみ仲間である教育学者は、「教育に競争原理はなじまない」という言い方でこれらの改革に反対します。しかし、これにだまされてはいけません。私たちが、この3つの施策で主張しているのはその逆です。「児童生徒や保護者という学習者側が教師や学校を選べるようにしましょう」と言っているのです。

教育委員会制度の問題点①

――学習者のための教育施策を行わない

その一つである「教員評価」とは、学習者側が、匿名で、「この先生の授業はどうか」「教育指導や生活指導はどうか」と、点数で評価します。そこには必ず記述が入ります。つまり、教育指導が1(最低点)だとすると、この先生の生活指導はなぜ1なのか、という理由がつきます。たとえば「クラスのいじめを放置している」とか、「先生自らがいじめの首謀者になっている」などと書くのです。

このような情報が学習者側から入れば、いじめの隠ぺいなどの防止、抑止力になるはずです。

点数評価はともかく、「児童生徒と保護者の意向を反映した教員評価」をすべしということは、内閣府の規制改革・民間開放推進会議の答申を受け、すでに閣議決定もされており、文科省から全教育委員会に平成18年度から実施するよう通達も出されています。しかし、それを各自治体の教育委員会がきちっとやっていない。

内閣府が、教育委員会のほうに06年11月末にリサーチしたら、この通達を知らない教育委員会が多いのです。知っていても、やるつもりがないのかもしれません。このシステムを知らない保護者の方も9割くらいいました(具体的には、このような教員評価を行っている小中学校はわずか10％前後、「教員評価をしたことがある」と答えた保護者は約6％という調査結果が出ている)。

だから、いじめの実態も全然浮かび上がらず、全国各地で悲劇が繰り返されているのです。

また、この教員評価を人事考課に組み込めば、明確な基準の下、いじめ加担教員や指導力不足教員を退場させることもでき、教育界の内部浄化につながります。

しかし、こうした学習者の立場に立つ改革は、教員や教育機関には強烈な切磋琢磨が求められますから、社会主義的な横並び意識の強い「しがらみ共同体」にとっては、最も避けたい改革の一つなのでしょう。

規制改革に反対する「教育しがらみ共同体」

また、バウチャー制（学校利用券制）の場合、学校や教師を選ぶ学習者に利用券を与えることで、大勢の学習者に支持され、選ばれた学校には税金がたくさん行くし、支持のない学校には税金があまり行かないことになります。つまり、教師や学校の中に競争原理が入るわけです。

さらに、私立も公立も一緒に同じ土俵で学習者に選んでもらうようにすれば、所得によって私学に行けないということもなくなる。また、身体の障害、軽度の行為障害、片親、経済的に非常に貧困、といったハンディのある子供には、普通の児童生徒の5、6倍の学校利用券を出すように配慮する。そうすれば、学校も喜んで受け入れることになり、彼らの学習の機会も保障されます。福祉政策としても非常に効果が期待でき、正しい意味での平等性も守られるでしょう。

こうしたメリットや工夫には耳を傾けず、自分たちに不都合なマイナス面だけ強調してイデオロギー的に反対しているのが、「教育しがらみ共同体」の人々なのです。どのような制度にも、必ずプラスとマイナスの両面がありますから、プラスを極大化し、マイナス面を極小化する努力こそが必要です。それに、やり方次第で問題点はいくらでも克服できます。

結局、教育委員会制度の一番の問題点も、学習者のためになる教育施策をしないということにあるのです。

そこで私は、教育内容の最低基準を定めるCS（カリキュラム・スタンダード、学習指導要領）と同じように、TS（ティーチャーズ・スタンダード、教師評価要領）として、**教員を学習者側から評価する仕組みを全国で一律にやるとよい**と思っています。こうした教師評価要領と学校選択要領をつくり、バウチャー（利用券）を組み合わせた学校選択制をやるべきです。この3つを、国がナショナルミニマムとして全国の学校現場に守らせるようにして、あとは学校に権限を下ろして責任もとらせる。そして、その学校の良し悪しを全部学習者に選んでもらうのです。

現在の高校選択制は、できる生徒を学校側が選ぶが、小中学校の選択制は、まだ学習者に偏差値がついていないから、学習者側が学校を選ぶことになる。つまり、これらは**学習者側の競争を激化させるものではなく、教員や教育機関という教育サービスの供給者側に競争を促し、切磋琢磨《せっさたくま》してもらう改革**です。供給者側の競争で教育の質が悪化するということはあり得ません。学習者は今も昔も学校の中で評価され、入試での選抜で競争させられていますから、今度は教師や学校側が競争してください、ということなのです。

教育委員会制度の問題点②

――誰にも責任をとらない無責任体質

もう一つ、教育委員会制度の問題点として言っておくべき点は、昨今のいじめ問題で明らかになってきた、彼らの無責任体質でしょう。なぜ、彼らは誰にも責任をとらないでいられるのか。その理由として考えられることは、**公教育の世界には明確な市場、マーケットという考え方がない**からだと思います。

マーケット（市場）にさらされている民間企業は、サービスの質が落ちてクレームがあれば、迅速に対応します。そうでなければ倒産してしまうからです。自治体の首長にしろ国会議員にしろ、選挙というマーケットがあります。つまり選挙によって国民の民意が反映されるわけです。ですから、国民の声を聞こうという、誠実な姿勢を持っています。

以前、子供が教師にいじめられて、子供と共に心因性の病気になったお母さんがいました。そのお母さんが、教育委員会に直訴したら、委員会の責任逃れから、たらい回しに遭い、あげくの果てに家庭の責任を指摘され、二重の被害を受けるということがありました。その後、私のところに相談にきたので、首長あてに手紙を書くようにアドバイスをしたところ、その首長は、解決に向けて一生懸命動いてくれたそうです。

しかし、教育委員会というのは、政治的中立性の原理を振りかざし、外部の圧力を排除すると称して、民意ですら排除してしまうところがある。ここが大きな問題です。

私のもとには、市民からの、教育委員会に対する不満が数多く寄せられています。地元の長野県上田市では、このような声に応えて、市長の英断により「上田市教育行政のあり方を考える有識者会議」という市長直属の組織が作られ、現状の教育行政の問題点についても討議する場を設けることになりました。

「児童生徒や保護者に教員を評価させると、児童生徒を甘やかす教師がよい評価を受けるのではないか」と言う人もいますが、それは違います。自分の子供をダメにするような教師を、よく評価する親がどこの世界にいますか？　これは保護者の方々をバカにしているのではないでしょうか。

国の命運を決める政治家でさえ、国民が選んでいるのです。教育より専門性の高い司法においても、国民が裁判員になる時代です。ましてや国民には教員を評価できない、選べないなどということはありえません。このように、教育における市場は「学習者」と捉えるべきなのです。

学校の常識は世間の非常識

私は大学の教育学部などの特別講義に招かれると、教員の卵である学生には必ず、「お客の悪口を言う商売なんて教職しかない」「君たちは決してお客の悪口を言ってはいけない」と話すようにしています。

普通の企業であれば、お客様にどのように受け入れてもらおうかと考えることが全てです。ところが、教育界では、保護者の要求を「クレーム」「いちゃもん」と捉え、そうした要求をする親を「困った親」と捉えているのです。職員室では児童生徒や保護者の悪口が飛び交っています。

冗談ではありません。教師と保護者は対等ではないのです。保護者は子供を人質にとられている身なのですから。教師は、ある意味で権力者なのです。

保護者は、教師が多少不適切な指導をしていても、普通は我慢しています。**我慢に我慢を重ねたあげく、やむにやまれぬ気持ちで申し出ている要望や要求を「クレーム」「いちゃもん」と位置づけるとは、とんでもない非常識です。**自分たちが、市場のニーズを無視する社会主義体制に陥っていることを、民主主義を標榜《ひょうぼう》している教師自身が気がついていないのです。

よく教師は「学校現場の大変さも知らないくせにものを言うな」という言い方で学校への批判に反論します。しかし、私は、40年近く教育現場で仕事をしてきました。公立も私立も、予備校や塾の管理職も経験し、小学生・中学生・高校生・予備校生を相手に、全ての学校現場を経験しています。ですから教師集団にとっては、私のような立場の者に批判されるのが一番痛いんです。

教師は「校務が多忙で大変だ」と言うが、学校の教師なんかより一般のサラリーマンのほうがもっと大変です。第一線で仕事している人たちは、夜10時、11時になっても働いています。教師はただ、やたらに長い会議をだらだらとやっているだけで、あれは「働」いているのではなく「動」いているだけです。

学校、教師による「教育被害」を放置するな

私は、学校や教師の教育指導が非常に不適切で、それによって被害を受けたケースを「教育被害」と呼んでいます。

教師が特定の子供に対し、「いじめた(もしくはいじめに加担した)」ことと「厳しく指導した」ことの境界は難しいところもあります。しかし、受け止めた子供が不登校になったり、専門医の診察で心因性の病気と診断された場合は、いかに教師が主観的に善意で行ったとしても、それは「厳しい指導」などではなく、教師や学校による「いじめ」「教育被害」と断定していいと思います。もし、教師が本当に子供のために指導したのであれば、子供は心因性の病気などにはならないからです。**「厳しい指導」と「教育被害」の線引きは、被害を受けたほうのその後の精神的な態度で判断すべきなのです。**

教師集団の中には、「マスコミの学校バッシングが学校教師を萎縮させ、学校教育を歪めている」と述べている者もいます。これは因果関係が逆で、学校は何でも隠す癖があり、しかも「児童生徒の人権を守る」と称して、教師に不都合なことを隠す。いじめ

が起これば、責任を追及されやしないかと、最小限度の情報しか出さない。

本来、オンブズパーソンであるべきPTAや学校評議員も、学校側にマインドコントロールされていて、校長・教師の応援団、学校の御用機関と化していることが多いから、被害を受けた家庭を守らない。保護者の中にも、「教師に加担しておいたほうが得だから」という心理が働いて、「そんなことを学校に言うべきでない」と被害者側の家庭の足を引っ張る者もいる。

結局、誰も本当の弱者である被害家庭の立場に立たないから、メディアが教育被害を取り上げ、子供や親の立場に立って書くわけです。それは「学校バッシング」でも何でもなく、教育弱者である学習者を守るため、当然のことをしているにすぎません。

ですから、まだ〝学校バッシング〟が足りない。メディアは教師に遠慮して手加減しているぐらいです。

よい校長・ダメ校長を見分けるポイント

物事はシンプルに考えたほうがよいのです。よい校長とダメ校長を見分けるポイントは至極簡単で、**保護者と教員の間に食い違い、対立があったら、8割方保護者の立場に立つのがよい校長、教員の立場に立つのがダメ校長です。**

先ほどから述べているように、教員と保護者、児童生徒の間の力関係は歴然と違うわけで、そもそも対等ではないわけです。そういう場合には、力の弱い保護者の立場に校長が立たなくてどうしますか。教員をかばったって意味がない。教員をかばう校長は、極論すれば教育者の資格がありません。

校長はただでさえバイアス(偏り)のかかる立場にいるわけです。校長としては自分の部下、教職員に信頼されたいし、それを味方につけないと学校運営がうまくいかない。そこで組織運営上の都合から、学習者側より教職員側の肩を持つ心理に陥るわけです。

でも、それではだめなんです。学習者を擁護する者がいなくなるからです。校長は、7対3か8対2くらいで保護者の言い分に耳を傾け、教員の言うことは眉に唾《つば》をつけて聞く姿勢があって、初めて真実が浮かび上がるのです。

これは教育委員会も同じです。学校で校長と保護者が対立したら、まず保護者の立場に立って調査をすべきです。しかし大半の愚かな教育委員会はそれに気がつかない。やはり権力を持つ者の陥りやすい罠《わな》なのでしょう。

教育界にも、本当の意味での「成果主義」を

実際に親御さんが一番願っていることは、簡単に言えば「学校の先生をよくしてほしい」「学校をよくしてほしい」ということでしょう。つまり、**いい先生のいる、いい学校で子供を学ばせたい、ということに尽きる**のです。だから、**教育現場を変えていくには、この本丸に焦点を絞らなければいけない**のです。

「教育成果は目に見えないから評価になじまない」と、勤務評定に反対する人は必ず言います。1958年にピークを迎えた勤評反対闘争の際も、同様の理由で反対されました。しかし、会社でも、成果が目に見えない部門はいくらでもありますが、総体

として市場で評価されています。

むしろ学校教育は教師の個人プレーに負うところが大きいから、評価を個人に帰結させやすいのです。また学校の仕事のサイクルは一年単位ですから、成果主義を導入したからといって、短期の成果をあげることに精力を費やして、長期的な課題に取り組まないという傾向をもたらすこともありません。

問題は、教育界が、成果目標を作り、その達成を目指して努力することを怠ってきたこと、それどころか、成果をはっきりさせることを意図的に回避してきたことにあるのです。

教師としての「成果」は、**「授業評価（学力）」「課外活動評価（生徒会やクラブ活動などの指導）」「生活指導（中高では生徒指導）評価（担任としての評価）」**の3つの分野に大きく分けられるでしょう。

このそれぞれについて、児童生徒、保護者に5段階評価をしてもらい、その根拠となった事柄を必ず記述してもらう。そして、その評価を少なくとも5割以上のウェイトをつけて、校長による勤務評定・人事考課に反映させることです。そうすれば、**公**

立校の教師に対しても厳しい「成果」が要求されることになり、教師としての力量の切磋琢磨が促されるでしょう。同じく校長に対しても、保護者の評価を反映する工夫が必要です。

いじめの大ボス（核）には出席停止処分（停学・退学処分）の適用を

生活指導（生徒指導）面では、いじめ対策として、児童生徒への出席停止処分をもっと活用すべきです。

いじめ事件が起きると、よく教員が「知らなかった」とコメントしますが、これは嘘です。小中学校ならば、教師にはたいてい分かるはずです。分からないとすれば、よほど怠惰な教師です。

いじめは大ボス（核）となる一人の子供がいて、その太鼓持ちが3、4人おり、お囃《はや》子方《しかた》の残りがいるという3層構造になっています。その**大ボスの子を指導しない限り、**

いじめは止まりません。指導してもどうしてもだめであれば、**出席停止処分（高校では停学・退学処分）をとる、**あるいは**その核となる子供を転校させるべき**です。

これは**教師のイロハ**なのです。なぜなら、教師の仕事は、第一に教室の秩序と規律をどう保つか、次に、よい授業をして学力をいかに身につけさせるか、極端に言えばこの2つに尽きるからです。

なぜそこまでするのかというと、規範意識というか、**教室の秩序をきちんと守らせなければ、善良な児童生徒が困る**からです。これは市民社会の場合と同じです。善良な市民をいじめたり脅《おど》かしたりする暴力団のような犯罪グループを放っておけば、市民は迷惑することでしょう。教室の秩序を乱し授業を妨害するワルは徹底的に指導して、だめならば出席停止、さもなければ転校。このように、法的に許されるあらゆる措置をとるべきなのです。

教師が、その覚悟を持たず、「教育的配慮」などと言って、変なところで甘やかすからいけないのです。厳しくきちっと児童生徒を指導することと、学習者側から評価してもらうことは矛盾しません。むしろ「こういう厳しい先生は素晴らしい」と、よい評価をされます。そうしなければ善良な生徒が困るのですから。簡単な話です。

「教育しがらみ共同体」を解体し教育委員会にレイマン・コントロールの徹底を

このように、いじめ事件では、学校や教育委員会と世間の感覚がずれているために、自殺という悲劇が繰り返されています。

このような「教育しがらみ共同体」の論理に支配され、学習者主権が無視され続けている悪しき現状を打破するには、教育委員会に**レイマン・コントロール（素人支配）を徹底するという改革**が有効だと思います。

教育委員会というものは、基本的には非教育者が中心となって、委員会をコントロールしていく原則に基づいていますが、教育委員の中に多数入っている元教師たちに牛耳られて、うまく機能しないのです。

ですから、しがらみにとらわれず、委員会を正常に機能させるために、「教員出身者は一人も教育委員に任命しない(自動的に教育長もレイマンになる)」ことや、「指導行政部門や人事管理行政部門など、事務局内で学校現場を担当する部門の課長、係長をレイマンにする」などと打ち出せば、かなり教育委員会の対応は変わるはずです。

例えば、学校のカリキュラムを指導するセクションに、指導室とか学校指導課(教育委員会によって名称は違う)がありますが、そういう学校現場に近い課長、係長レベルをレイマンにすると法令で規定すればいいのではないでしょうか。

この教育委員会のレイマン・コントロールの問題に関しては、今後、国民的な議論とし、本格的に検討することが必要だと思います。

つまり、「教育しがらみ共同体」が国の方針を妨害しているわけです。結局、上のほうで決めても浸透していかないのです。だからこそ、**教育現場を正常化するために、こうしたレイマン・コントロールの徹底や教師側に健全な競争原理が働くシステムを作る**ことで、「教育しがらみ共同体」の談合・癒着体質を解体することが、何よりも必要でしょう。

第7章

規律重視の指導

日本の教育現場に「ゼロトレランス」方式を

70～80年代に深刻な学校現場の荒廃を経験したアメリカは、規律と懲戒基準を事前に明示し、違反者は例外なく処分する「ゼロトレランス（規律重視）」方式の生徒指導を導入し、立て直した。いじめの解決もこの方式で効果をあげている。善悪をあいまいにし、結果的にいじめを放置する日本の教育現場には、ゼロトレランスの考え方が求められる。

小学校での授業間の移動の様子。きちっと整列しなければならない。幼稚園でも同様の光景が見られるという（ウィスコンシン州・ミルウォーキー）。

「寛容さなし」の厳しさで教室に秩序を取り戻せ

違反に応じてそのつど処罰

「ゼロトレランス」とは、寛容さ（トレランス）の名の下《もと》に善悪をあいまいにしないという考え方。いじめ行為を正さず、もみ消す「いじめ隠ぺい」とは正反対だ。

ゼロトレランス方式では、学校が児童生徒の違反行為を、マナー違反から犯罪まで段階別に分け、それに応じて罰や懲戒の内容を定め、保護者にも通知する。

言葉・服装の乱れ、授業中の私語・立ち歩き、遅刻、無断欠席、授業妨害など、比較的軽い違反は、その程度に応じて罰（ディテンション＝お仕置き）を与え、順次重くしていく「プログレッシブディシプリン（段階別の規律指導）」で対処する。悪口や嫌がらせなど比較的初期のいじめも、ここに含まれる。

その罰は、放課後の清掃、教室から出され廊下で自習（179ページ、写真①）、校長の隣で昼食、土曜登校など。ディテンションルームという自習室を設置している学校も多く、2、3日入れられ、反省させられる措置《そち》が多い（同写真②）。軽い違反であっても繰り返した場合は、数日程度の出席停止処分となる。

アメリカの教育事情に詳しい中京女子大（愛知県）の加藤十八名誉教授は、「問題行動をする1人2人の子供を放置すると、学校全体が荒れていく。子供は教師から注意を受けなければ、もっと悪いことをやろうとする。教師は、割れ窓理論（注1）をよく認識して、問題が小さなうちに『悪いことは悪い』としっかりと指導することが大切なのです」と解説する（186ページのインタビュー参照）。

その結果、今ではアメリカの多くの学校で、授業中、よそ見や私語をする生徒はなく、規律が保たれているという。

いじめ加害者を特定し、「代替校」で反省させる

こうした軽い違反にとどまらず、喫煙やアルコール、麻薬、暴力など悪質な行為の場合は、正式な処罰(サスペンション)として、正規の学校は出席停止とし、問題生徒を集めるオルタナティブスクール(代替校)に送られる。いじめの場合は、麻薬や暴力などと同じ犯罪的レベルであり、加害者は直ちに代替校行きだ。

日本で起きるいじめ事件のように、「事実関係がはっきりしない」ことはまずあり得ない。そもそも教師の権威や管理体制がしっかりしているので、取り調べや指導を通じて事実は判明する。仮にはっきりしなかった場合でも、中学・高校に常駐する警察官(180ページ、写真④)も調査するので(小学校でも緊密に連携)、加害者が誰か分からないなどということはないという。

代替校は、全米のどの教育委員会でも設置されている。ここに送られた児童生徒はブースごとに隔離され、一人で自習するのが一般的(同写真⑤)。また、警察官、法律家、精神科医、宗教家など専門家が多角的にかかわり矯正指導する。問題生徒は正規

の学校の規律に十分耐えられないため、ルールが比較的緩やか。十分反省が見られれば、元の学校に戻すシステムだ。

日本の場合、出席停止について「教育の放棄だ」「児童の学ぶ権利を否定する」など反対論が根強い。であればこそ、子供を立ち直らせるアメリカの代替校のような仕組みが必要ということだろう。

言葉・服装の乱れ、授業中の私語・立ち歩き、遅刻、無断欠席、授業妨害など

【プログレッシブディシプリン】（段階別の規律指導）

①廊下に出される罰（お仕置き）

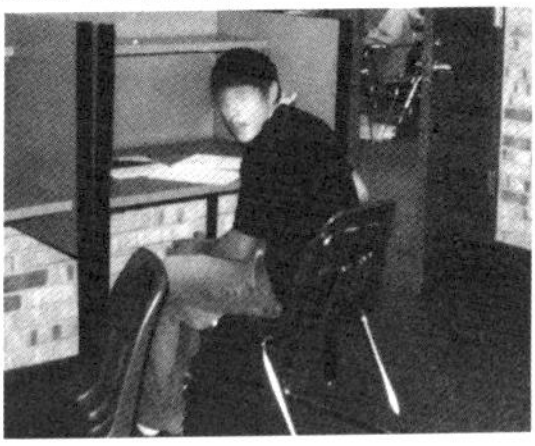

授業中の違反行為の罰として、廊下で自習させられている男子生徒。自習用の席が常設されている（ミシガン州のマカタベイ中学校）。

②ディテンションルーム

遅刻や無断欠席など比較的軽い違反行為に対しては、学校内のディテンション（お仕置き）ルームに2～3日入れられる。生徒は自分が違反行為をしたことは分かっているので、教師が説教することはなく、自己責任で一人で反省させられる（アラバマ州のフーバー高校）。

③ランチ中のお仕置き

違反行為に対し、昼食時間中、講堂内で立たされる罰が与えられている。手に食事を持っているが、しばらくお預けとなる（ミシガン州のイースト中学校）。

いじめ、喫煙、アルコール、
麻薬、暴力など

【ゼロトレランスによる正式な処罰】

④常駐の警察官がいじめを調査

中学・高校には警察官が常駐。校内の秩序を守り、いじめが発生すれば取り調べる。中央が加藤十八・中京女子大名誉教授（テキサス州のダルズ中学）。

⑤いじめ加害者はオルタナティブスクール送り

アメリカの学校では、いわゆる問題児はオルタナティブスクールに送り込まれる。教師に反抗したり、麻薬をやっていたり、暴力を振るったりした生徒が45日間から数カ月間、ブースの中で矯正指導を受ける。十分反省し、立ち直ったと見なされれば、元の学校に戻る。

右の写真は監督の教師。壁には「行動する前に考えよ」「自分を大切に」などの掲示がある（アラバマ州のクロスロード・オルタナティブスクール）。

オルタナティブスクールには問題行動以外に、不登校や引きこもり、学力不振、妊娠した女子生徒、子持ちの女子生徒など、さまざまなタイプ向けの学校がある。

アメリカが捨て去った非管理教育を〝輸入〟

ゼロトレランス方式のような方法ならば、いじめは解決する。いじめ加害者は出席停止か代替校行き。「悪いことは悪い」と判断し、加害者に反省を促す「措置」をとる。

日本のいじめで加害者側が特定されず、仮にされても甘い「指導」で済んでしまうのとは雲泥《うんでい》の差だ。

こうした腰の引けた生徒指導の手法は、文部省(当時)が88〜91年に「校則の緩和・廃止」を打ち出し、校則(ルール)に頼らず、児童生徒との〝信頼関係〟に基づいて指導するよう求めたことが大きく影響している(注2)。

実はこれは、アメリカの70〜80年代の学校荒廃を招いた、「子供の自主性・主体性を重んじる」非管理教育の考え方を導入したもの。日本が非管理教育を〝輸入〟した同じ時期、アメリカのブッシュ(シニア)大統領は、「過去のうんざりする、流行遅れの教育観からの脱却を広範囲に図らなければならない」とバッサリ切り捨てている(注3)。

そして、日本のほうは90年代以降、学級崩壊、いじめと、どんどん悪い方向に進んだことは周知の事実だ。

文科省が出したゼロトレランス報告

ところがここにきて、文部科学省内にこれまでの生徒指導の手法を大転換する兆しが見える。

文科省の調査研究機関・国立教育政策研究所は06年5月、報告書「生徒指導体制の在り方についての調査研究——規範意識の醸成を目指して」をまとめた。

「アメリカでの学校再生の成功にならい、ゼロトレランス方式とプログレッシブディシプリンの生徒指導方式を導入する」

「事態が改善されないときは、罰則に基づき懲戒を与え、学校の秩序を維持し、子供の自己指導力を育成する」

「出席停止は、生徒指導上の有効な手段の一つである」

明らかに、非管理教育的な生徒指導を180度転換するものだ。

文科省は報告書を全国の都道府県教委に通知した。しかし現在のところ、ゼロトレランス方式が完全に採用されたとは言いがたい。報告書作りにかかわった委員の話では、「文科省内には従来の生徒指導方針を作った人がまだたくさんおり、この報告書に反対している。いつ巻き返されるか分からない」という。

ただ、政府の教育再生会議は、いじめの解決策として「出席停止の活用」や「毅然たる指導」「警察の活用」を盛り込む方向で、ゼロトレランス方式に近い。アメリカに遅れること15年以上、日本はようやく学校現場に規律を取り戻し、善悪の価値観を明快に教える動きが出始めた。ゼロトレランス方式の考え方をいじめ解決の処方箋の一つとして採用できるかどうか、政治的決断が求められる。

(注1)「割れている建物の窓を1枚でも放置していると、他の窓もすぐに壊されてしまう」という考え方。ニューヨーク市などでも治安対策に応用され、軽微な犯罪も徹底して取り締まることで凶悪犯罪を抑止する成果をあげた。

(注2)88年4月、90年9月の文部省初等中等教育局長による校則及び生徒指導に関する方針や、91年4月の中学校課長通知「校則見直し状況等の調査結果について」など。文部省の方針は事実上、児童生徒の問題行動に対し、出席停止などの厳しい処罰は極力避ける内容。

(注3)91年のブッシュ大統領がまとめた「アメリカ2000教育戦略」より。

※章扉、179、180ページの写真提供／加藤十八　中京女子大学名誉教授

コラム

校長自らがいじめ解決に乗り出し全責任を負うアメリカの教育現場

ロサンゼルスの公立小学校に勤務する女性教諭(57歳)によると、アメリカでは、学校の全責任を負う校長が積極的、迅速に対応する。いじめに気づいた後のアクションが早いため、加害生徒も口裏を合わせることができない。校長自らも生徒に事実確認を行う。程度に応じて注意で終わったり、悪質ないじめは休学、転校の措置も辞さない。女性教諭は「学校によって程度に差はありますが、教育委員会に持ち込まなくても、大抵の問題は校長のところで解決している」と話す。

また、別のロスの公立小学校に子供を通わせる母親(46歳)によると、アメリカでは新学期が始まるころに、「人に危害を加えてはいけない」「言葉で傷つけてはいけない」

など、たくさんの学校の規則が書かれた書類を渡され、親子がそれぞれサインをして学校に提出する。この規則にいじめ行為に対する処罰も盛り込まれており、「手を抜いた対応をすると訴訟になるため、学校の全責任を負う校長は、問題に対して真剣に取り組みます」。別の母親(43歳)は「アメリカでは、親は言いたいことをしっかりと主張し、学校側もその意見を反映させてくれる。子供を守るのに遠慮なんてしません」と話す。

インタビュー

「ゼロトレランス」は加害者を立ち直らせ被害者を救う

中京女子大学名誉教授
加藤　十八（かとう・じゅうはち）

愛知県生まれ。1949年、名古屋大学卒業後、同大学附属中・高等学校教諭、愛知県立高校教頭、校長を歴任。愛知県立瑞陵高校校長を退職後、87年に中京女子大学教授に就任。現在、皇学館大学非常勤講師。校長時代から学力と規律を重んじた教育方針を貫き、その実績は、アメリカの教育視察団にも高く評価された。『アメリカの事例から学ぶ学校再生の決めて』『アメリカの事例に学ぶ学力低下からの脱却』『ゼロトレランス　規範意識をどう育てるか』など、著書多数。

授業中、私語やよそ見もない

いじめ対策は、一言でいえば、「学校の規律を正すこと」に尽きます。

私がかねてから提唱しているアメリカの「ゼロトレランス」方式は、その意味でぜひ、参考にしていただきたい指導方法であり、いじめ防止策でもあります。

70～80年代のアメリカでは、暴力、いじめ、麻薬、教師への反抗などで学校現場が非常に荒廃しました。こうした中、苦悩する学校現場から90年代に入って生まれたのが、寛容さなしの生徒指導である「ゼロトレランス」の指導法です。

重大な規律違反をした生徒に対しては、理由のいかんを問わず規則に従って措置をする指導方法で、**寛大さ、忍耐強さなど、教育指導上、重要な概念を捨ててまでも、問題生徒を罰するという指導法**をあえてとったものです。

ゼロトレランスは言葉の上では「寛容さなし」ですが、問題生徒に対するその厳しさが子供を立ち直らせることになります。規則を周知徹底させ、オルタナティブスクールに送り、反省して立ち直れば元の学校に戻すという方式で、極めて合理的です。また、学校全体の規律を正し、大多数の善良な生徒たちのよい学習環境を作り上げるのが、ゼロトレランスなのです。

この指導方法は、**60年代からの「子供中心主義」「教育の人間化論」による教育論を捨て去り、学校における規律を回復し、旧きよき学校の再建を目指したもの**です。子供中心主義により荒廃した学校現場の状況に憤慨した父母たちが、「バック・トゥ・ベイシックス(基本に返れ)」「規律を正せ」「読み・書き・算数をしっかり教えろ」と抗議したのです。その手本としては、規律を重んじる当時の日本の伝統的な教育のあり方が参考にされました。

70年代の後半から、アメリカの各種教育視察団が来日しました。当時、愛知県の新設高等学校長だった私も、アメリカの教員を積極的に受け入れ、自校での学校参観などの研修に協力しました。それは当時、愛知県の新設高校の多くは、学力と規律を重視する教育を行っていたからです。しかし一方では、この視察当時、しばしば日本の教育学者やマスコミからは、こうした教育は「管理教育だ」と批判されていたものです。

私の高校に視察に来たグループの報告書には、日本の教育の独自性として、「規律正しい授業、トイレを含む放課後の一斉掃除」「アカデミックな教科の学習と日常的な競争、生徒同士および教師との親密な相互作用、教師に対する忠誠などは、校内暴力をなくし、よい学校の雰囲気をつくっている」などと評されていました。

アメリカで大失敗した「教育の人間化論」を輸入して学校崩壊した日本

ところが**肝心な日本で90年代に入り導入された学習指導観は、70年代にすでにアメリカで大失敗した、教育の人間化論の「非管理教育」だった**のです。この教育理念は、規律を重んじる伝統的な教育態勢を悪と見なし、校則や時間割など伝統的な教育体制をすべて廃止し、生徒自身が個人個人で時間割を組むなどして、〝人間性〟を追究しようとした内容でした。

日本の文部省(当時)は、この考えを導入し、１９９０年に「生徒指導の留意点として、一人ひとりの個性を尊重し、生徒・父母との〝信頼関係〟を大切にして、生徒との好ましい人間関係を育成すること」を、各教育委員会を通して学校側に指示しました。さらに翌91年には、「校則の見直し状況の調査結果について」を各都道府県教育委員会に通知しました。つまり、学校における規則の緩和、または廃止などの指導を徹底したのです。

というのは、1980年くらいから、日本でも特に高校で規律が乱れ始め、校内暴力、いじめ、教師への反抗などが増えてきました。こうした規律の乱れを直すために当時の文部行政が導入したのが、「管理教育は人間的ではない」とした、〝規則に頼らない非管理、非指示的指導観〟でした。**生徒に対する叱責《しっせき》や懲戒、出校停止など、伝統的な、当たり前の指導法の廃止が叫ばれ、生徒の自主性と主体性を尊重し、信頼関係で導けと指導した**のです。それらの指導観が、現在の日本の「総合学習」に結びついています。

しかし、教育の人間化論による非管理教育とは、どのようなものか。授業の間、寝転んで授業を受けてもいいとか、モジュラースケジュール(可変時間割)の採用、例えば「8時半から9時20分までは私は数学の時間にする。その次は、体育の時間に」などと自分で時間割を自由に決めてもいいとか、教科書やテストや評価もなし、といった具合でした。

実際、73年に私は、教育の人間化論による非管理教育をしていたハワイのカイルワ高校を訪問しました。ところが学校に生徒がいない。みんな校外に出て、ワイキキのビーチやホテル、動物園などに行って〃自主学習〃をしていました。このような非管理教育の結果、アメリカの児童生徒の学力は低下し、規律が乱れ、学校内で暴力、いじめ、麻薬などの状況が生じました。そして、その結果、アメリカ社会が衰退するところまで影響を与えたわけです。

このような状況の下、90年代に、アメリカは「ゼロトレランス」方式を導入しました。この同じ時期に、**日本の教育界は、アメリカの新たな潮流を知ろうともせずに、かつてのアメリカが失敗した、校則の廃止などの教育の人間化論を導入するという愚挙を犯してしまった**のです。

その結果、日本では、規則で縛る教育は「管理教育」であるとレッテルを貼り、生徒の人間性を過度に強調して、教師と生徒は同等であるなどといった教育論まで現れるようになってしまいました。生徒を的確に指導せず、自然に信頼関係を保てる教師が良い教師だと言われるようになったのです。

そもそも教師と生徒の信頼関係は、「叱る(注意する)」という指導の中から生じるものです。教師が生徒を厳しく叱ることができれば、伝統的な規律がしっかりしている学校においては、だいたい生徒は素直に謝ります。教師も「叱ったら許す」で済んでいました。しかし、叱らない、何も指示や指導もしない中から、教師と生徒の信頼関係など生まれてくるわけがありません。

「子供自身が、自分で考え自分で問題を解決して、先生は何も言わない」という非管理教育の下では、規範を守る意識は生まれてきません。いじめた生徒を注意すると、「俺は何もしていない」と開き直る。教師は教師で、「信頼関係で指導しなさい」と言われているから、それ以上、生徒を叱ったり指導することができない。生徒は罰せられないことを知っているから、ますます言うことをきかなくなり、規律が乱れてしまう悪循環に陥るのです。

このように規律の乱れている状況の下、よく報道されるように、校長は「いじめがあったなんて知らない」と言います。全く、管理や規律がおろそかになっている証左です。

第7章

規則を破った者が処罰を受けるのは当たり前で自己責任が問われる

「学校は一般社会と異なる場所ではない」という認識が重要です。社会には細かい法律や規則がありますが、大多数の善良な国民は何らの痛痒《つうよう》も感じません。合理的な法律によって、一般国民は安心して暮らせます。困るのはヤクザとか泥棒など悪いことをする人たちで、当然処罰されなければならないのです。しかし、日本の教育現場では、規則に違反した場合、なぜか出席停止などの措置をしません。

的確で適正な指導措置は、その本人の立ち直りのためにも、また、大多数の善良な生徒たちの学習権の保障のためにも大変良いことで、また重要で必須のことです。このことは〝自由と民主主義を守る〟ために大切なことです。この認識こそが、悪質ないじめをなくすることになるのです。

自由というのは、「ある限界の中での選択」です。この限界とは、規則のこと。規則を破った者には罰を与え、理由のいかんを問わず、破った責任を明らかにしなければなりません。このことが、**自由と民主主義社会の維持・発展には不可欠**だと思います。

心のケアなどが強く主張されますが、そんな不安な不自然な校風であってはなりません。学校規律が正されれば、教師は積極的に指導でき、生徒は教師の指導に素直に従い、〝明るく自由にのびのびと〟行動できます。**規律ある学校には、いじめなどは発生しない**のです。

善悪を峻別する価値観を知る大切さ

さらに、規範意識を醸成させるためには、**教師は何が善で何が悪であるかを、生徒に明快に教える必要があります**。善なる行為を勇気を持って行っていくことが真の善行であることを、具体的に教えなければ、生徒たちには分かりません。

日本の現在の道徳教育でよく行われる授業法に「モラルジレンマ法」がありますが、それなどは、善悪の基準が不明確な今の教育を象徴しているとも言えます。

まず、教師が子供に考えさせるための問題を提起し、子供たちそれぞれに意見を言わせ討論するのですが、教師自身は決して自分の意見を言いません。最終的に教師が道徳的価値判断を示して教えたり、説明しないのです。これでは、道徳的な素養など身につくわけがありません。日本の教育界は、60年代に行われたこのモラルジレンマ法でアメリカがすでに失敗していることを知るべきです。

善悪の基準は宗教でもはっきりしているように、古今東西、普遍なものです。伝統的なアメリカの学校においては、始業前に祈りを捧げ、聖書を読み、神に誓って授業を始めたものです。また、教会に行き、宗教的行事に参加して、良い人格形成を図ってきました。

人間は、道徳性を身につけて生まれてくるわけではありません。ですから、正直にまじめに行動し、自己コントロールでき、社会的ルールを守ることなどが善行であること、および「してはいけないこと、しなければならないこと」を、子供たちにしっかり教え込むことが必要なのです。

「学校は警察ではない」というのは間違い

また具体的に、どうやっていじめの事実関係を調べるのか——。

私の経験でいうと、**暴力事件などが起こった時、その程度に応じ、警察を呼んできて調べたらいい**と思います。そういうことができない雰囲気が日本の教育界にはありますが、当然、教師はそれをしっかりとやらないといけないのです。

アメリカでは、中学・高校には警察官が常駐しています。常駐していない学校には、警察とホットラインがあり、数分のうちに警察官が学校に来ます。暴力を振るうような悪質ないじめが起こり、事実関係がはっきりしない時には警察が調べる。校長が「学校は警察ではない」と言うのは間違っています。学校は、一般社会と異なる所ではありません。

また、日本では、いじめた子、いじめられた子同士の話し合いで解決しようとする意見がありますが、とんでもない話です。子供に当たり前の善悪を教え、事件が起こったら、学校が善悪の判断に基づき、しっかり管理しなければならないのに、子供同士の話し合いなんて、そんなばかげた方法はありません。

一般に、現在の日本の校長先生は、たいてい「誠実に対応しています」「全力で努力しています」「生徒との信頼関係を大切にしています」と耳ざわりのいいことを言いますが、学校が責任を持って、すぐさま原因を追及しなければなりません。犯罪行為が起こっているのに、「子供に聞いたけれども分からない」では済まされないのです。

いじめ解決の「結果責任」を問え

一般に校長は「一人ひとりの個性を大切に」などと言いがちですが、それは見せかけであり、皮相的な徳治主義です。人格円満に構え、「徳をもって治める」などの姿勢は、さも立派な校長に見えるけれども、そこには結果責任が伴っていません。

アメリカの父母たちが教育要求のうち最も重視するのが、アカウンタビリティ（結果責任）です。アカウントとは数えること。何を数えるかというと、「我々が払った税金によって、どのような具体的な効果が出たかの結果責任」です。

70年代のアメリカの教育は、アカウンタビリティがゼロでした。せっかく税金を払っても、規律は乱れる、学力は上がらない。それで父母が怒ったのです。日本の教育にも、このアカウンタビリティを導入しないといけない。どれだけ遅刻がなくなったか、どれだけ授業が静かになったか、どれだけいじめがなくなったかが大事。教育学者は「人権が大事、プロセスが大事」と言いますが、それは間違いです。**「アカウンタビリティがどうであるか」が問われるべき**なのです。

第8章

教育界浄化への特別提言

『いじめ処罰法』(原案)
―大川隆法案―

教育界の闇は深い。しかし、それを浄化する方法は確かにある。最後に、幸福の科学・大川隆法総裁原案による『いじめ処罰法』の制定を提言し、本書の結論としたい。

第1条

児童生徒が、他の児童生徒の暴力・言葉その他の陰湿な行為(物品を隠す、仲間で無視する、悪質ないたずら等)により、肉体的あるいは精神的に深く傷ついたことを、保護者並びに教員に真剣に訴えた時には、「いじめ」が存在するものとみなす。(《注》いじめ被害者に厳格な立証責任を負わせない趣旨。)

第2条

加害児童生徒には、学校側より、いじめの悪質さに応じて、退学、転校、停学、短期出席停止、厳重指導、注意処分等を行なう。(《注》犯罪レベルのものは、すみやかに警察とも協議することとする。)

第3条

教員が、いじめ行為に加担、黙認、参加した場合は、厳罰に処す。(《注》懲戒免職、停職、免許剥奪、減給、戒告など。)学校長、副校長、教頭などが教員のいじめ隠蔽《いんぺい》を指揮したり、それに加担した場合は、当該教員より一段と重い厳罰に処す。また、学級担任がいじめ被害を助長、黙認、加担したり、自己の責任逃れのために加害児童生徒側を故意にかばっている疑いが強い場合、学校長は学期中であっても、担任を交代させなくてはならない。

第4条

学校側は、いじめ被害を訴える児童生徒並びにその保護者側に立って迅速な救済をはからねばならない。まちがっても、加害者側の数が多いことを理由に、虚偽の民主主義的解決をはかったり、教員の立場を守るために加害者側との共犯心理に立ってはならない。

第5条

教育委員会は、いじめ事件に関して、教員仲間意識から学校側を擁護してはならない。教育委員会がいじめ被害児童生徒の救済を妨げる処分、指導、助言その他の行為をなした場合は、これを無効とする。また、いじめ被害児童生徒並びにその保護者は、教育委員会による不公正な指導により、いじめ被害が拡大、持続した場合、学校側、教育委員会側双方に対して損害賠償の請求ができる。

第6条

教育委員会は、いじめ事件を自己に有利に片づけるためにマスコミを悪用してはならない。教育委員会が偏《かたよ》った情報をリークし、マスコミを誘導した場合、いじめ被害者に対する損害賠償の必要が生じる。

第7条

学校PTAは、学校擁護とその外見的名誉を守るために、学校教員と共謀していじめ被害児童生徒の救済を困難にしたり、隠蔽してはならない。学校PTAは率先して、いじめ被害児童生徒を救済すべく、学校側と交渉しなくてはならない。学校長と共謀して、いじめ隠蔽をはかったPTA会長、役員は、任期途中であっても、更迭《こうてつ》されなくてはならない。

第8条

いじめの事件に関して、被害児童生徒側から、加害児童生徒側、学校、PTA、教育委員会等に対して、刑事もしくは民事訴訟が提起された場合は、裁判所は、証拠を集めたり、立証したりすることの困難さを十分に配慮し、婦女子の痴漢被害事件に準じて判断すべきである。つまり、被害の訴えの真剣さと深刻さについて一定の心証を形成することで判断を可能とする。証拠の挙げにくい学校内外でのいじめに関しては、裁判所は「推定無罪」の法則に逃げてはならない。

なぜ法律の制定が必要か——「ザ・リバティ」編集部 いじめ問題取材班

「いじめは昔からあった」「昔はそうやって育っていった」と言う人もいる。確かに、いじめは昔からあった。しかし、昔はいじめ自殺が連続したり、殺人にまで行くことは、滅多になかった。しかし今は、シカト(無視)や物を隠すといった些細ないじめが瞬く間にエスカレートし、自殺や殺人という悲劇を迎える。いじめの多くは「犯罪」と化しているのだ。

北海道滝川市や福岡県筑前町の事件を受けて、文科省は06年10月、「出席停止も含めた毅然《きぜん》とした指導を」「いじめられている側を守り通す」「教職員がいじめを助長することがあってはならない」などの通知を出した。

しかし、86年に起きた中野富士見中学のいじめ自殺事件の判決で、裁判所はすでに94年、学校の安全配慮義務違反、「葬式ごっこ」など、いじめに加担した教師側の過失、監督義務を怠った加害者の両親の過失など、現在と共通する問題点を指摘し、被告側に損害賠償を命じていた。

これまでも文科省は大きな事件が起きるたびにさまざまな通知を出してきた。しかしそれは全く徹底されず、教育現場では20年近い間、同じ失敗が繰り返されてきたことになる。

残念ながら、現在の教育界は遵法《じゅんぽう》精神が低い。教師の倫理感や誠意だけには期待できない以上、今や犯罪と化したいじめ被害者を救済し、これまで述べてきた施策を確実に実効あるものとするためには、罰則の伴う法律を定めなければならない段階なのだ。

（第1条）

いじめの定義は文科省によって示されていたが、あいまいで分かりにくく、地域によっていじめの判定に大きなバラツキがあった。

教師は「いじめは生徒間の問題」としがちで、すでにマフィア化しているような教育現場では、目の前に犯罪レベルの「いじめ」があっても、教師はそれを「悪ふざけ」「トラブル」と捉える。そして仮に、後日、問題化しても「知らなかった」と答える言い訳にしようとする。

すでに文部省（当時）は、94年の大河内君事件を受けて、「いじめられたと被害を訴えればいじめはあったと見ること」という旨の通達を出している。にもかかわらず、現場では空文と化し、いたずらに「いじめはあったか、なかったか」の調査に時間が費やされている。

この条文は、そうした教師の責任逃れ体質・恣意的《しいてき》判断を排し、いじめの定義を客観化するものである。

（第2条）

本書で見てきたように、いじめ加害者に対する退学、停学、出席停止等の措置は極めて有効で、かつ必要だ。

加害者の「教育を受ける権利」より、「暴力を受けない」という人間の尊厳や人権のほうがはるかに重いだろう。いじめられているほうが泣き寝入りして、保健室登校や不登校を余儀なくされ、加害者が悪びれもせず登校している事態は明らかに異常であり、正義に反する。

（第3条）

教育委員会と学校が談合・癒着している現在、嘘をつき、上手に隠ぺいしきった学校の管理職が出世し、正直に事実を認めた教師が処分を受けるような傾向がある。こうした不正は決して許してはならない。

いじめ解決に指導力のない担任を即座に交代させることは、アメリカでは常識である。民間企業であっても、クレームがあれば担当者の交代、場合によっては社長の辞任に至る。

本条後半は、公立校においてもそうした視点を導入し、担任の交代を義務づけるものである。

（第4条）

教育はサービスを受ける児童生徒、保護者の側に立って行われなくてはならない。が、それを単なる多数決と解釈してはならない。

96年、文部省（当時）は、「いじめの問題に関する総合的な取組について」という通知を出し、その中で「学校は、いじめ問題の解決について大きな責任」を有していると述べ、「いじめられる児童生徒を徹底して守り通す」ことを強調している。そしてその具体的な対応として、「いじめられる児童生徒又はいじめる児童生徒のグループ替えや座席替え、さらに学級替えを行うことも必要であること。また、必要に応じて児童生徒の立場に立った弾力的な学級編制替えも工夫されてよいこと」と記されている。

本条の制定によって、すでに明文化されているこうした通知を徹底させることが必要である。

（第5条）

本書では、教育界のギルド的体質を改革するため、「教育委員会の教員出身者は3分の1に制限を」と提言した。

本条はその趣旨をさらに押し進め、明文化するものである。

なお、現在は、国家賠償法等の規定により、公立学校・教育委員会の損害賠償責任は、直接的には地方公共団体が負うことになっており、それが教員らの無責任体質の温床となっている面もある。

しかし、教育界の事なかれ体質は矯正されなければならない。本条には、直接の責任組織である学校、教育委員会が、その責任を十分に自覚すべきことを強調する趣旨も含まれている。

（第６条）

教育委員会は、いじめ事件を自己に有利に片づけるため、情報をリークするなどマスコミを悪用することがあり得る。

しかし公務員は「全体の奉仕者」（憲法第15条２項）である。自らの不正行為を正当化するための偏った情報リークはあってはならない。

（第７条）

日本のＰＴＡは学校の御用機関と化している場合が多い。

ＰＴＡとは本来、子供を守るため、対等の立場で学校と交渉する組織である。被害者が学校と戦う姿勢を見せた時、学校と共謀して被害者を攻撃するようなＰＴＡ会長、役員は、即刻更迭されるべきなのである。

（第8条）

現在は、いじめ被害者や遺族が訴訟を起こした場合、その被害者側がいじめの事実を証明しなければならない。しかし、これは、「学校の壁」に阻まれて、真実を知るための材料も探せず、情報が乏しい被害者側にとっては非常に困難な制度だ。

すでに述べたように、94年度以降、文部省(当時)の定義は、いじめの判断は「いじめられた児童生徒の立場に立って行う」と定められている。裁判所はその趣旨を斟酌《しんしゃく》し、被害者側の負担を十分に配慮し判断しなければならず、「推定無罪」の法則に逃げてはならない。

日本の教育に正義を

戦後民主主義教育によって、教育現場には誤った思想が流れ、一歩校門をくぐれば、学校は市民社会の法律も常識も通用しないかのような〝治外法権〟の場と化してきた。

しかし、学校を、虚偽と悪魔の巣窟《そうくつ》にしてはならない。教育界に正義を打ち立て、子供たちの魂を守ることこそ、21世紀に生きる日本人の責任であり、使命であろう。

第8章

本書は、
月刊「ザ・リバティ」２００７年
２月号の総力特集『いじめ隠ぺい』が子供を殺す！」
３月号同「教室に正義を！」をもとに、
新たな書下しを加え、大幅に加筆、編集したものです。

いじめ地獄から子供を救え！

2007年２月17日　初版第１刷

「ザ・リバティ」編集部 いじめ問題取材班［編著］

発行者　九鬼　一

発行所　幸福の科学出版株式会社

〒142-0051 東京都品川区平塚２丁目３番８号

TEL(03)5750-0771

http://www.irhpress.co.jp/

印刷・製本　文唱堂印刷株式会社

落丁・乱丁本はおとりかえいたします

ISBN978-4-87688-567-1 C0037

幸福の科学出版の本

あなたがいてくれてよかった。
愛する人を看取るとき

荻田千榮 著

充実した人生を生きるには？　心やすらかな最期を迎えるには？　後悔しない看取りをするには？　千人以上の最期と向き合ったベテランナースが、忘れられない12人の患者さんとの交流をつづった、心あたたまる物語。

定価1,260円
（本体1,200円）

あなたの心を守りたい
女性医師が現場でつかんだ心の危機管理術

舘有紀 著

臨床の現場に立つ女性医師が、みずからの体験に基づいて「心の危機管理のコツ」をつづった一冊。医療者はもちろん、過酷な現場で心が"すり減って"しまったすべての人に役立つ、悩み解決のヒントが満載！

定価1,260円
（本体1,200円）

LINK きずな
ユートピア文学賞2006受賞作！

平田芳久 著

30世紀からロボットがホームステイ!?　人の心を宿そうと努力するロボット「マナブ」の姿に、忘れていた純粋な生き方を見出す主人公・早乙女秀一。やがて二人は固い友情で結ばれる——。笑いと感動のロボティック・ファンタジー。

定価1,365円
（本体1,300円）

生まれる前からハッピー育児！
ユートピア文学賞2006受賞作！
小児科ドクターが明かす、おなかの赤ちゃんのふしぎ

上田隆 著

新生児医療の最先端で活躍する小児科医が、「赤ちゃんの心と体にとって、本当によいお産と育児とは何か」を説き明かす。著者ならではの豊富な経験をもとにした、従来の実用書にはない、驚きの情報が満載。お産・育児の参考書の決定版！

定価1,260円
（本体1,200円）